“四好农村路”之达拉特实践

中共达拉特旗委
达拉特旗人民政府 组织编写

人民交通出版社股份有限公司
China Communications Press Co.,Ltd.

内 容 提 要

“四好农村路”是中共中央总书记习近平于2014年3月提出的。2017年12月，习近平又对“四好农村路”建设作出重要指示。他强调，近年来，“四好农村路”建设取得了实实在在的成效，为农村特别是贫困地区带去了人气、财气，也为党在基层凝聚了民心。

2017年，达拉特旗被评选为首批“四好农村路”全国示范县。本书梳理总结了达拉特旗在“四好农村路”建设中的经验做法及取得的成效，可供各地参考借鉴。

图书在版编目（CIP）数据

“四好农村路”之达拉特实践 / 中共达拉特旗委，达拉特旗人民政府组织编写 . — 北京：人民交通出版社股份有限公司，2018.8

ISBN 978-7-114-14915-3

Ⅰ. ①四… Ⅱ. ①中… ②达… Ⅲ. ①农村道路—道路建设—研究—达拉特旗 Ⅳ. ① F542.826.4

中国版本图书馆 CIP 数据核字 (2018) 第 167103 号

书　　名：“四好农村路”之达拉特实践
著 作 者：中共达拉特旗委　达拉特旗人民政府
责任编辑：王　丹
责任校对：刘　芹
责任印制：张　凯
出版发行：人民交通出版社股份有限公司
地　　址：（100011）北京市朝阳区安定门外外馆斜街3号
网　　址：http://www.ccpress.com.cn
销售电话：（010）59757973
总 经 销：人民交通出版社股份有限公司发行部
经　　销：各地新华书店
印　　刷：中国电影出版社印刷厂
开　　本：787×1092　1/16
印　　张：5
字　　数：85千
版　　次：2018年8月　第1版
印　　次：2018年8月　第1次印刷
书　　号：ISBN 978-7-114-14915-3
定　　价：48.00元

全面奔小康，关键在农村；农村奔小康，基础在交通。

党的十八大以来，习近平总书记等中央领导同志多次就农村公路发展作出重要指示批示，要求把农村公路建好、管好、护好、运营好，为农村公路工作指明了方向。

按照全面建成小康社会的战略部署，交通运输部提出了"小康路上，绝不让任何一个地方因农村交通而掉队"的新目标。

方向已明，目标既定。达拉特旗坚持把畅通农村公路作为统筹城乡发展的重大民生工程紧紧抓在手上，整合资源，合力攻坚，着力改善农村生产生活条件，服务新农村经济社会发展。境内形成以"三横五纵"公路干网为主骨架，外联内引、镇畅村通的公路网格局，苏木镇均通二级以上公路，具备条件的嘎查村全部通硬化路。农村公路的协调发展使群众出行和农产品运输更加便捷，让农业更加繁荣兴旺，让农村更加贴近城市，让农民生活更加幸福安康。

为相互借鉴、共同提高、共谋发展，我们组织编写了本书，力图以示范县为载体推动"四好农村路"建设实现高质量发展，让农民致富奔小康的道路越走越宽广，为加快推进农业农村现代化提供更好保障。

中共达拉特旗委

达拉特旗人民政府

2018年4月

“四好农村路”

目录

Contents

“四化”建设助力“四好”发展

达拉特旗地处“呼包鄂”经济圈腹地，总面积8188平方公里，总人口37万人，其中农牧业人口29万人。中共达拉特旗委、政府深刻领会交通基础设施建设的先导作用，深入贯彻习近平总书记“四好农村路”重要指示，着力优化路网结构、完善管养体制、提升服务品质、推动产业融合，促进农村公路协调发展。

一、推进农村公路“精品化”建设，优化路网结构，提升通行能力。按照保通求畅、干支衔接、联网成片的思路，结合美丽乡村、扶贫攻坚，分类规划、分步实施、有序推进，破除运力不强等瓶颈。2014 年以来，投资 13.2 亿元新改建农村公路 547 公里、街巷硬化道路 1400 公里。一是政府健全管理体系，提供政策支持和制度保障；交通、财政、国土、审计等部门发挥各自职能，协调联动；苏木镇主动作为，化解矛盾纠纷；嘎查村委积极配合，争取群众支持，营造了多层次多部门合力参与交通建设的氛围。二是争取上级补助，加大地方配套，多渠道筹集长期稳定、低成本的资金。2016 年争取上级补助 6000 多万元，旗级通过财政配套、基金、贷款等方式自筹 2 亿多元。三是综合考虑镇村规划、地质条件、车流量等，区别采用路面宽度和结构，便于施工及日后养护管理。四是择优选取招标代理公司，打捆招标地域临近项目，增加项目吸引力，调动大型企业竞标积极性，引进有实力企业。五是开展质量安全管理、计量支付、标准化建设培训，采取人员资格备案、信用评价等措施把高素质人员留在现场为项目服务把关。六是健全“政府监督、专群结合”的质量监督模式，政府、监察部门加大建设程序和资金监督，审计部门进行跟踪审计，交通部门成立监督组、聘请第三方检测公司和群众义务监督员，严格关键工序监管，严守质量安全红线，把农村公路建成满意工程、精品工程。

二、推进农村公路“规范化”管理，依法保护路产路权。针对农村公路分布广、产权多元的实际，旗政府明确县乡村三级管理原则，按照旗统一执法、乡村协助执法的方式，统一领导、分级管理、联合执法。一是明确责任主体。县道由旗级负责，路政经费全额列入财政预算，会同交管等部门开展日常巡查。乡村公路以镇村为主，配备义务护路人员，开展培训，提升专业化和依法行政水平。二是充分发动群众参与。依托《农村牧区农牧户道德诚信体系建设实施方案》构建起全旗道德诚信体系数据库，以农牧民家庭为单位逐一建档。对农牧民日常管路等行为进行监控和打分，考核结果以红黑榜公布，80 分以上进红榜、60 分以下进黑榜。进入红黑榜的农牧民在农村信用金融信贷服务、地方性奖补政策享受等方面区别对待，红榜人员在享受金融贷款等非普惠性政策时优先考虑，黑榜人员取消享受非普惠性政策资格，并暂缓煤炭补贴等普惠性政策发放时间。奖励惩治并行，规范村民行为，做到村民的道路村民管护，村民的事情村民监督。三是强化路域环境整治。推进“美丽乡村路”建设，常态化治理公路沿线乱建、乱堆、乱放和运输车辆遗撒等行为，绿化美化公路沿线，做好日常保洁。四是依法治路。结合全旗普法依法治理，每年开展交通普法宣传 4 次，提高群众爱路护路意识；路政、交管、运管、煤炭等多部门联合开展执法检查，保护路产路权。

三、推进农村公路“精细化”养护，提升服务品质。农村公路验收合格后，及时移交管养单位，保证建养衔接有序。一是细化养护责任。经营性公路由经营企业养护，非经营性县道由旗公路管理段养护，乡村公路由镇村养护。旗农村牧区公路养护管理所每年开展桥梁例行检查2次、路况质量和安全设施季度巡查4次，并做好日常监管。二是落实养护经费。经营企业设立专项养护资金，非经营性公路养护资金列入财政预算。近年，旗政府在资金十分紧困的情况下，加大养护资金投入。同时，村委采取“一事一议”方式积极筹资。三是多方式开展养护。建立农村公路基础数据库，实行档案化管理。根据公路等级、路面类型、技术评定状况等，采取委托养护、承包到户、集中养护等模式开展养护。四是强化监督考核。旗政府将农村公路养护纳入旗对苏木镇政府、部门实绩考核，并通过信息化考评系统实时监控。养护到位的镇村，通过以奖代投等方式追加养护经费，经营性企业缴纳5万元养护承诺金，推动农村公路有路必养。

四、推进农村公路“市场化”运营，健全农村客货运体系。农村公路建设的目的是改善农村运输条件，促进农村经济发展。循此思路，达拉特旗多方推进城乡客运统筹发展和县乡村物流体系建设。一是推进城乡公交一体化运营。全旗实行城乡公交一体化模式运营，行政村通客运班车率100%，解决了农牧民出行难问题。二是促进农村物流体系构建。依托四通八达的农村交通推进电商扶贫新模式，建成8个乡级、19个村级、30个街道社区电商服务站和10个电商扶贫站，形成电商三级物流体系。2016年农副产品网上交易额3657万元，解决就业214人，带动一批贫困户增收致富。三是助力现代农牧业发展。全旗粮油、蔬菜、乳肉、水产等产业多元发展，初步形成4条产业带、5大加工物流及休闲观光农业区和8个产业示范区。瓜果蔬菜远销港澳深、东南亚等地；饲草种植面积近40万亩，向伊利、蒙牛等大型牧场稳定供应。2016年全旗第一产业增加值34亿元，农牧民人均可支配收入达到15982元。四是培育全域旅游产业。畅通的农村公路使响沙湾等星级旅游景点与农牧渔家乐乡村旅游接待户有效连接，形成乡村旅游接待户近百户。2016年接待游客188万人次，旅游收入64.3亿元。

通过旗、镇、村三级联动、上级交通主管部门鼎力支持、建管养运单位通力协作、广大群众积极参与，凝聚起了“经济要发展、交通需先行”的共识。与此同时，我们也深切体会到：（一）扩大农村公路建设成果，加强政府领导是前提。始终把农村公路建设作为“一把手工程”和“民心工程”来抓，结合美丽乡村、扶贫攻坚，建立起县级领导包苏木镇和包重大项目制度，成立驻苏木镇工作团和驻村工作队，实现公路项目县级领导督促指导、主管部门组织实施、苏木镇协调配合、帮扶单位联合推进。（二）强化农村公路监督管理，建章立制是抓手。出台了农村公路管理办法、农村牧区环境综合管理暂行办法等一系列制度规范，明确职责，形成"上下联动、责任连带"的农村公路管理体系，保证各项工作有章可循。（三）实现农村公路有路必养，发动群众是关键。路通了，管养必须跟得上。结合千名干部下基层等活动，发动干部大力开展群众工作，赢得群众支持。将村民护路与道德诚信体系建设和村规民约挂钩，调动起农牧民的积极性，让村民成为管路护路的主人翁，保障乡村公路养护行稳致远。（四）推进农村公路全面运营，服务"三农"是落脚点。连接市场、盘活物流是农村公路建设的核心。在推进美丽乡村建设中，大力发展农村电子商务、现代农业和乡村旅游，坚持"电商先行、客货并举、上下双行、多点整合"原则，以客运网络为纽带，整合资源，互补优势，推动"农村客运＋农村电商＋现代农业＋乡村旅游"发展模式，使建设成果惠及更多农村百姓。

下一步，将进一步统一思想认识，树立全局意识和新发展理念，坚持"建好、管好、护好、运营好"标准，扎实推进窄路拓宽、撤并嘎查村通硬化路、农村公路大中修和安防工程等项目建设；持续健全农村公路管理机制，提高养护专业化水平，提升运输从业队伍综合素质，推动农村公路由线成网、由窄变宽、由量转质、由通向好协调发展；充分发挥交通基础设施服务"三农"的重要作用，为全面建成小康社会提供更好的农村交通保障。

“四好农村路”

达拉特的探索与创新

多年来，达拉特旗根据地区实际，就发展好农村公路进行了一些有益的探索与创新。

一、因地制宜建设，提升公路耐久性

达拉特旗位于鄂尔多斯市最北端，与包头市毗邻，地处黄河南岸，属黄河冲积平原区，因土地肥沃自古有“米粮川”的说法。沿河地区人口聚集稠密，村落较多，故达拉特旗农村公路建设从沿河地区开始，并在项目建设安排上向沿河地区适当倾斜。

沿河地区的黏土保水性好、微量元素丰富，土地肥沃，利于农作物生长，但是对于公路建设就会导致出现严重病害，必须进行换填处理。为此，在项目规划设计阶段，交通运输局技术人员带领设计单位认真仔细进行实地踏勘，与村社和当地居民座谈，多方调研，充分了解当地基本情况，详细掌握水文、地质等资料，并多方论证，形成科学合理、经济性较高的设计方案，保障群众生产生活需要的同时提高公路通行能力，和公路耐久性。换填路段施工阶段，建设单位、监理单位、施工单位严格控制工艺流程，通过试验段合理确定换填深度，因地制宜采用片石、碎石、砂砾、风积沙等换填材料，并聘请审计单位全程跟踪审计，严格掌控换填工程质量，确保换填深度达标、换填材料适宜。

通过多年的实践来看，虽然换填增加了工程造价，但是换填路段未发生不均匀沉陷，延长了公路使用寿命，提高了公路行车舒适度，有效改变了沿河地区"晴天一身土，雨天两腿泥"的旧面貌。

二、全面规范移交建成公路，推动农村公路建管养协调发展

公路建成后，如何做好后续长期养护管理，是发挥农村公路惠农富农作用的关键，因此管养主体的移交是关键一环。为做好从建设到管养的有序衔接和责任主体回归，主要采取以下措施：

一是政府主导，群众主体，还权于民。农村公路项目建设过程中，逐步完善村级治理机制，将决策权、参与权、监督权、管理权还给农牧民。农村公路项目库内的项目，由嘎查村向苏木镇申报，苏木镇按照建设需求紧迫程度排序报旗交通运输局。交通运输局划定建设项目下限标准，综合平衡辖地实际，给予合理建议。具体路线走向、路面形式充分听取群众意见，尊重群众的愿望和要求。在征得旗政府同意后报上级交通运输主管部门批准，按计划组织建设。在项目途经各村聘请群众义务监督员，与苏木镇交通干事等组成义务监督组，对建设项目进行监督。这样做有助于合理设计、规范施工、完善设施，保障群众的合法权益，扩大农牧民惠及范围，同时增加农牧民的获得感。

二是接养单位和群众参与项目建设管理，增强主人翁意识，激发使命感。农村公路年度建设计划下达后，我们根据建设项目行政等级，县道由旗公路管理段派员、乡村级公路

由镇村派员，自始至终参与项目建设、管理和监督，实行开门施工。这样做使得农村公路建设更接地气，接养单位和群众能够充分参与到公路建设中，有助于沿途苏木镇、村社及农牧民群众树立“主人翁”意识，对乡村公路产生认同感，对修路护路想主人事、干主人活、尽主人责。

三是公路移交时多部门参与，规范手续，分工管理。农村公路完工后，严格按照相关制度开展竣（交）工验收。施工单位提交经监理单位签署意见的竣（交）工验收申请后，业主单位进行核查、检测、审核，具备验收条件的农村公路向市交通运输局提出验收申请，市交通运输局组织各参建单位、接养单位及有关部门召开验收会议。接养单位和有关部门对接养公路提出意见和建议，在公路验收合格、基础设施完善的基础上，按照“县道县管、乡道乡管、村道村管”的原则，签订工程竣工验收移交书，明确管养任务、管养机构、监管机构，并将新接养道路纳入辖区管养范畴和年度养护计划。

四是根据农村公路行政等级调整情况，变更接养单位，实现养护管理主体二次回归。近年来，部分乡道升级为县道、县道降级为乡道，按照原先的三级管养模式，出现乡道县管、县道乡管的局面，不利养护管理工作推进。交通主管部门、公路养护管理机构与有关苏木镇及时对接，协调公路等级调整后的养护管理问题，使调整路段养护管理主体二次回归，维持三级管养原则，公路通行能力和服务水平有所提升。

通过近几年开展农村公路养护管理移交工作，深刻体会到：公路规划要听民意顺民心，增加群众获得感，这是保证农村公路养护管理平稳移交的前提；公路建设要让接养单位等多部门参与，增加接养单位和群众的认同感，这是保证农村公路养护管理有效移交的基础；公路建成和行政等级调整后要应交尽交、应收尽收，养护和管理要全面移交，这是保证农村公路养护管理移交后规范运行的动力。

三、提高群众参与热情，管好护好养好发展致富路

农村公路建设是基础，管理养护是关键。达拉特旗公路网构成复杂、里程长、产权多元，管理难度相对较大，加之技术标准较低、抵御灾害能力较弱，造成养护成本较高、管养任务日益艰巨，仅依靠旗、苏木镇和交通运输主管部门养护管理，人力、物力、财力都难以跟进，对地方财政造成很大的负担。为管理养护好农村公路，我们积极创新管养观

念，充分发动群众、依靠群众，走出了一条群众参与农村公路管理养护的新路子。

一是完善分级管护机制。结合地方实际，制发了《农村牧区环境综合管理暂行办法》和《农村公路养护管理办法》，建立起县乡村三级管理体系。旗级层面由公路管理段负责全旗农村公路路政管理，苏木镇设立农村公路管理工作机构，嘎查村配备护路人员；同时，明确了旗、苏木镇、嘎查村分级养护责任，经营性公路由经营性企业养护，乡村道由所在地苏木镇人民政府和嘎查村民委员会养护，旗农村牧区公路养护管理所对各单位养护工作进行监督检查。特别是在村级道路管养责任落实方面，结合“千名干部下基层”“精准扶贫”等工作，发动机关事业单位干部深入村社广泛宣传，引导群众树立“谁受益、谁养护、谁管理”的理念，深入发掘群众的主观能动性、培育核心价值观，提升群众管好、护好村级道路的责任心，为推动群众自主管养村级道路奠定思想基础。

二是建立信用评价体系。为充分调动农牧民参与管路、护路和养路的积极性，出台了《达拉特旗农村牧区农牧户道德诚信体系建设实施方案》，构建起全旗道德诚信体系数据库，并以农牧民家庭为单位逐一建立道德诚信档案。每户农牧民诚信档案初始分值为 100 分（5 星），由各村驻村工作队、综合执法队、嘎查村两委、卫生保洁队、村民小组组长、村民代表、党员代表共同组成道德诚信评定小组，依据综合执法队、嘎查村两委、卫生保洁队、建设管理委员会的日常监控记录，对本村农牧户道德诚信进行初步判定。各苏木镇、各有关部门、纪检、银信、司法部门组成镇级综合评定组，对初审结果进行综合评定。道德诚信评定内容包括环境卫生、公共管理、产业发展、乡风文明、遵规守法 5 个方面、40 多项具体要求（其中包括农村道路等公共设施的管理和维护），根据农牧户的不同表现进行赋分，按每 20 分为一星进行累计加减星。评定采取“日常记录、按季通报、半年一评”的方法，实行动态管理，根据情况增星减星。

三是强化考核结果应用。通过考核评定农牧户的道德诚信分值和星级，分类纳入“道德诚信红黑榜”，80 分（4 星）以上列入道德诚信户，在“道德诚信红榜”公布；60 分（3 星）以下列入道德失范户，在“道德诚信黑榜”公布。诚信户和失范户在农村信用金融信贷服务、惠农惠牧政策和地方性奖补政策享受、村集体经济资金分配等方面进行区别对待，诚信奖励、失范惩治。同时，全社（自然村）80% 以上的农牧户达到 4 星以上，则评为道德诚信社（自然村）；全嘎查村 80% 以上社达到道德诚信社（自然村），则评为道德诚信嘎查村；全苏木镇 80% 以上嘎查村达到道德诚信嘎查村，则评为道德诚信苏木

镇。对于诚信社、村、苏木镇，旗政府给予一定比例的专项经费进行以奖代投奖励，并在后续的基础设施建设、惠民政策等方面予以倾斜。对排名靠后、3 星以下农牧户达到 60% 以上的嘎查村，旗人民政府约谈镇、村主要领导，扣减当年嘎查村工作经费和“两委”的个人绩效工资，并在全旗通报批评；连续两年仍然未落实的，对“两委”主要负责人按照有关条例进行问责，同时与涉农领域项目以及相关荣誉、考核晋级挂钩，给予约束惩戒。

通过建立农牧户道德诚信体系，强化考核结果应用，农牧民参与农村公路养护管理的积极性大大提高，村民成为管理、养护村级道路的主人翁，全民参与农村公路养护管理的工作格局初步形成。

“四好农村路”

盘点达拉特的 2017 年

按照《交通运输部办公厅关于创建“四好农村路”全国示范县的实施意见》(交办公路〔2017〕90 号)、《内蒙古自治区交通运输厅关于印发〈“四好农村路”督导考评办法〉的通知》(内交发〔2017〕204 号)要求，2017 年以来，达拉特旗深入落实习近平总书记提出的要把农村公路“建好、管好、护好、运营好”的重要指示精神，认真贯彻交通运输部和自治区交通运输厅决策部署，抓紧抓实农村公路建、管、养、运各个环节，全面提升农村公路服务能力和品质，“四好农村路”在脱贫攻坚和农村经济社会发展中的先行官作

用得到进一步发挥。

一、“四好农村路”工作开展情况

（一）加快农村公路建设进度，提升农村公路互联互通水平和服务保障能力

1. 计划执行情况。2017 年，下达嘎查村通沥青水泥路建设项目 12 个，总里程 133.9 公里，2016 年提前着手实施；下达撤并建制村通硬化路建设项目 5 个，总里程 26.2 公里，实施 6 个项目 36.5 公里，新增通硬化路撤并建制村 6 个；处置隐患里程 50.7 公里。5 月起，计划内项目陆续开工，10 月底全部完工，完成投资 1.74 亿元。提前实施侯家营子至海勒素等窄路面拓宽改造工程 2 个，建设里程 10.1 公里。11 月份开展了联合交工验收，通过验收的项目全部移交接养单位。农村公路当年开工建设，当年验收移交，建设周期较往年大幅缩短。新一批农村公路投用，改善了路网结构，提高了服务能力，为新农村建设和全面建成小康社会发挥了重要作用。

2. 项目管理情况。2017 年，达拉特旗继续完善管理体系，加大政策支持和制度保障，交通、财政、审计、国土、环保、安监、公安、交管、公共资源交易等部门及各苏木镇深化合作、共促发展，推进交通基础设施建设健康稳定发展。一是规划设计阶段。旗交通运输部门、各苏木镇及嘎查村加强配合，合力做好前期调查，广泛征求群众意见。在深入调查的基础上，将交通基础设施年度建设计划列为旗人民政府 2017 年第 1 次常务会议题进行研究，促进项目投资决策水平提升，促使各单位、各部门提高认识，深刻领会交通发展在推进美丽乡村建设、全面建成小康社会中的先导作用。二是工程建设阶段。建设单位加强对施工单位、监理单位人员及设备投入履约情况监督检查；明确质量和安全责任人，采取驻站、包片、抽查等措施做好工程管理；交通运输部门加强行业监管，举办公路建设安全生产管理、工程计量管理培训班 2 期，不定期开展质量、安全督导和联合检查；审计单位进行跟踪审计；落实农村公路建设“七公开”制度，设立项目公示牌，聘请监督员，旗交通运输局监督组、苏木镇交通干事和群众义务监督员加强项目监督，保证农村公路建设质量。三是交工验收阶段。多部门分批次进行联合验收，为后期农村公路养护管理和运营奠定扎实基础。

（二）加大农村公路管理力度，推进“美丽乡村路”建设

1. 加强路产路权保护。旗公路管理段组织全体路政人员进行法律法规和业务知识培训，做好公路控制区管理和路政巡查，设置限高架 4 座，及时制止和查处各类破坏、损坏农村公路设施行为。一年来，农村公路发案 90 起，查处 90 起，结案率 100%，收取公路赔偿费 27.8 万元；办理行政许可 11 起。遵循分级管理原则，各苏木镇成立了农村公路管理站，130 个行政村成立了村道管理议事机构，配备兼职义务管路护路人员 400 多名，做好日常巡查。苏木镇、嘎查村乡规民约、村规民约制定率达到 100%。

2. 深化公路货运车辆超限超载运输治理。2016 年 11 月 25 日，达拉特旗境内 X613 乌漫线、X618 阳巴线两条政府还贷公路提前终止收费，降低了运输企业和农牧民运输成本，但也为一些超载车辆绕行农村公路提供了方便。为遏制农村公路超限超载现象抬头，旗人民政府印发了《达拉特旗农村公路超限超载车辆治理工作实施方案》，多次召开协调会，每季度开展联合督查，大力整治公路货运车辆违法超限超载运输行为。先后 2 次组织人员深入德胜泰黄河大桥、青达门流动超限检测站、过境公路收费站及市政广场等地开展《公路法》《公路安全保护条例》和超限超载治理、公路桥梁安全保护宣传，发放传单 1500 余份，设立展板 20 余块。一年来，旗路政、交管、运管、煤炭等部门加强超限超载联合执法检查，累计检测货运车辆 11.8 万台次，检测货物 353.6 万吨，查处超限超载车辆 650 台次，卸载车辆 357 台次，卸载货物 1053.5 吨。

3. 大力整治农村公路路域环境。旗人民政府制定印发《达拉特旗公路沿线环境治理整顿工作方案》，旗交通运输局组织各单位开展公路沿线环境综合治理，美化亮化沿线环境。苏木镇、嘎查村依托《农村牧区农牧户道德诚信体系建设实施方案》及乡规民约、村规民约，规范村民行为。清理“五堆”和路域垃圾 2.83 万立方米，常态化治理公路沿线乱堆、乱放、乱搭、乱建、乱挂等行为，推进“美丽乡村路”建设。

（三）加深农村公路养护谋划，构建安全和谐农村交通运输环境

1. 养护工程实施情况。2017 年，下达农村公路养护工程项目 9 个，治理隐患里程 57.2 公里。进一步做好农村公路标志标牌配置，在 5 条“四好农村路”示范路沿线增设警告警示标志 62 块、指路标志 36 块、里程碑 45 块。

2. 养护管理监督检查情况。开展县道路况质量检查 4 次、农村公路桥梁例行检查 2 次；完成桥梁主体结构及附属构造物 5 年期内技术状况检测、评定，共检测评定农村公路大、中、小桥梁 41 座，健全公路桥梁技术档案。按照自治区公路局统一部署，旗交通运

输部门会同各苏木镇完成农村公路基本情况调查统计，更新了农村公路数据库，为后期科学合理安排公路养护工程和针对性开展养护工作奠定坚实基础。各苏木镇、嘎查村进一步提升农村公路管养的主体责任和主人翁意识，加派人员增强“四好农村路”示范线路的日常养护和管理保护。旗人民政府将农村公路养护纳入对苏木镇政府、部门实绩考核，并通过信息化考评系统实时监控，年底进行综合考评。

3. 做好日常养护。各公路养护单位挖补油面 15385 平方米、罩面 119200 平方米、填补路面坑槽 16110 平方米、灌缝 41200 米，补划标线 800 米；清理路面积沙 20598 立方米、路面淤泥 23580 立方米、路基塌方 290 立方米，填路基水毁 32060 立方米；路肩整形 977 公里、清理路肩土 5300 立方米、割除路肩杂草 22000 平方米、平整便道 3.8 公里、垫平平交路口 25 处；增设平交路口警示柱 77 根，粉刷警示柱 91 根、护栏柱 1030 根、隔离墩 720 个，维修更换里程碑 108 块，增设标志标牌、爆闪灯 117 个，新增波形护栏 200 米；维修水泥护坡 462 立方米、加固挡水墙 60 米；清理和维修急流槽、边沟、涵洞 15198 处，清理排水沟 128059 米，修建拦水埂 7720 米。养护质量明显提高，路容路貌大为改观。

（四）加强农村公路运营服务，促进农牧民群众增收致富

1. 深化城乡公交一体化。在建制村通客运班车率达到 100% 的基础上，拓展客运服务范围，推进城乡客运统筹发展和县乡村物流体系建设。2017 年，开通树林召至恩格贝旅游专线并投放公交车辆 3 辆，方便群众出行，促进全域旅游发展。在中华民族大赛马 · 2017 年传统耐力赛、达拉特旗第四届那达慕大会暨美丽乡村文化旅游节期间，临时开通 4 条公交线路，投放 14 辆公交车辆，增加了客运公司收入，保障了参会人员和群众出行需要。逐步推进农村公路客运候车亭建设，进一步改进农村客运候车环境。

2. 推动电商服务和农牧旅游业发展。发挥资源、交通等要素汇集优势，依托四通八达的农村交通，推动面向农村的末端网络运营模式。建成旗级电商运营中心 1 个、苏木镇电商中心 8 个，培育槟果农牧等本土电商企业 10 家，促进农产品进城和农资、消费品下乡双向流通，推动精准扶贫和农民增收。围绕打通“吃住行游购娱、商养学闲情奇”要素链条，深入推进旅游标准化建设，完善旅游交通网络，开辟旅游专线、专车业务，让游客行得安。

二、存在问题和困难

（一）农村公路建设标准低，维护难度和成本高。农村公路规划建设时，为减少拆迁、降低造价、保护环境，路线大多利用原有旧路，尽量少占或不占用耕地，因此技术标准普遍较低。桥涵、排水、交通标志、安全防护等设施不健全，抵御自然灾害能力低，导致后期维护费用高。经初步测算，未来五年，达拉特旗农村公路养护工程、安全生命防护工程预计需投入资金 6900 余万元。

（二）行业管理法规体系不完善。在公共交通管理方面制度不完善，近年来，国家、自治区颁布了城市优先发展公共交通的指导意见、实施意见以及推进城乡交通运输一体化提升公共服务水平的指导意见。《城市公共汽车和电车客运管理规定》于 2017 年 5 月 1 日起施行，明确旗县开通公共汽电车客运可参照适用上述规定。但公共交通规划、管理等涉及多个部门，达拉特旗实行城乡公共交通一体化运营模式，自治区、鄂尔多斯市关于城乡公共交通管理的地方性法规、政府规章未建立，公共交通设施建设、运营服务、监督检查、资金投入等缺乏强有力的法制保障。在农村公路减速带设置方面存在争议，现行的交通法律、法规以及交通设施的国家标准中均没有减速带相关规定。在日常管理中，公安交管部门和村民频繁提出在农村公路上设置减速带，而驾驶员强烈要求拆除已设置的减速带，导致管理存在困难。

（三）分级管理落实不到位。对落实“四个转变”要求、转变发展思路和发展方式的认识不到位，建养观念转变不彻底，建管养运发展还不均衡。全旗农村公路专业养护人员匮乏，特别是乡道、村道的养护力量配备不够，养护机械设备陈旧且不足；路政管理人员数量不足、年龄普遍较大，执法专用车辆及移动称重设备不足，无法实现农村公路管理全覆盖，影响交通运输持续健康发展和民生均衡普惠。

三、下一步工作安排及建议

（一）工作安排。一是持续深入贯彻习近平总书记“四好农村路”重要指示，以获评“四好农村路”全国示范县为契机，以提升服务“三农”水平、适应全面建成小康社会和新型城镇化要求为目标，全面深入落实“四个转变”要求，树立全局意识和新发展理念，

加强组织领导、压实政府主体责任、拓宽和稳定农村公路资金渠道、强化监督考核、健全"四好农村路"工作长效机制。二是按照"四好农村路"创建规划，结合脱贫攻坚和新农村建设，深入开展好"四好农村路"建设，切实把农村公路建好、管好、护好、运营好，促进农村公路建管养运实现协调和可持续发展，逐步消除制约农村发展的交通瓶颈，为群众脱贫致富奔小康提供交通保障。

（二）工作建议。一是逐步增加农村公路养护管理补助。经过多年建设，达拉特旗已实现行政村公路通畅率 100%，撤并建制村、自然村通硬化路稳步推进，农村公路保有量逐年加大，因此后续公路养护管理支出需求相应增加，养护管理费用缺口增大。建议上级逐步增加农村公路养护管理资金补助额度。二是完善法规体系。2008 年"大部制"改革后，城市公交职能归口交通运输部门，达拉特旗由市道路运输管理局达拉特旗分局具体负责。2014 年，市级将城市公交站点布局规划、路线优化调整、统筹运力投放工作划归旗交通运输部门。几年来，公共交通管理法规体系不完善，日常监管乏力。为规范公共交通管理，建议区、市两级完善公共交通管理地方性法规、政府规章，并考虑执法人员调配、机构设置等因素。建议由旗县交通运输主管部门指导本行政区域内城市公共汽电车客运管理，当地运管机构具体负责本行政区域内城市公共汽电车客运管理工作。另外，减速带为障碍式减速设施，其使用范围局限于收费通道、小区、厂区、停车场等特定场所，过多使用障碍式减速设施与道路交通管理中的干路先行通行原则不相符，且影响道路通行效率、存在潜在隐患。建议在今后行业规范、规章制度修订时，明确禁止在农村公路上安装减速带。

“四好农村路”

达拉特的乡村振兴之路

近年来，达拉特旗委、政府深入贯彻落实习近平总书记“四好农村路”重要指示精神，全面提升农村公路服务能力和品质，让农民更富、农业更强、农村更美。

一、基本情况

达拉特旗地处“呼包鄂”腹地、沿黄沿线经济带，是鄂尔多斯市的北大门和呼包鄂地

区的重要交通枢纽。党的十八大以来，投入 17.2 亿元新改建沥青或水泥路 2125 公里、治理农村公路隐患 527 公里。截至 2017 年底，全旗农村公路 2686 公里，占公路总里程的 81.8%，实现苏木镇通二级公路、行政村通硬化路双百目标。

二、主要做法及成效

（一）公路建设提速，互联互通水平和服务保障能力显著增强。一是加快实施农村公路通畅工程。五年来，年均新改建沥青水泥路 400 多公里，行政村通畅率由 47% 提升到 100%。2016 年和 2017 年，连续两年超额完成计划，新打通不通沥青水泥路行政村 47 个、新增通硬化路撤并建制村 6 个，通达深度逐步向人口居住集中的自然村延伸。2017 年提前实施窄路面拓宽改造工程 10.1 公里。二是促进行业行为上升为政府行为。旗委、政府把“四好农村路”建设作为全旗的发展工程、民生工程，各苏木镇和相关部门把“四好农村路”建设作为本部门、本单位服务三农的重要工作、重点举措，不断完善农村公路管理体系，加大政策支持和制度保障。交通、财政、审计、国土、环保、安监、公安、交管、公共资源交易等部门及各苏木镇深化合作、聚力发展。三是严格建设项目过程管理。规划设计阶段，交通运输部门、各苏木镇及嘎查村协同做好前期调查，广泛征求群众意见，力争做到线路布局合理，标准选择科学，惠及更多群众。工程建设阶段，建设单位对施工单位、监理单位人员和设备投入情况进行核查，明确质量和安全责任人，采取驻站、包片、抽查等措施做好工程管理；监理单位严格程序控制和材料管控，独立进行许可认证；交通运输部门加强行业监管，开展质量、安全督导和联合检查；审计单位对工程变更和隐蔽工程进行跟踪审计；落实农村公路建设“七公开”制度，设立项目公示牌，聘请义务监督员，共同监督，保证工程质量。四是多部门联合验收及移交。2017 年组织发改、财政、安监、交管、环保等部门及参建单位和苏木镇，分两批次联合开展了交工验收，合格率 100%。旗政府将验收合格的项目全部移交给接养单位，为后期农村公路养护管理和运营奠定扎实基础。

（二）加强公路管理，“美丽乡村路”建设品质大幅提升。一是加强路产路权保护。开展法律法规和业务知识培训，依法加大公路控制区管理和路政巡查。五年来，办理行政审批 43 件，查处路损案件 544 起，结案率 100%。镇、村完善农村公路管理站、村道管理议事机构，乡规民约、村规民约制定率100%，配备兼职管路护路人员400多名。二是深化超限治理。旗政府印发《农村公路超限超载车辆治理工作实施方案》，多次召开协调会并进行联合督查。交通运输部门开展《公路法》《公路安全保护条例》和超限超载治理大型宣传。路政、交管、运管等部门加强超限超载联合执法检查和源头治理。三是治理路域环境。交通运输部门牵头开展10余次公路沿线环境综合治理；镇、村依托《农牧户道德诚信体系建设实施方案》及乡规民约、村规民约，规范村民管路护路行为，常态化治理公路沿线乱堆、乱放、乱搭、乱建、乱挂行为，营造赏心悦目的农村公路通行环境。

（三）深化公路养护，安全和谐的农村交通环境持续稳定向好。一是转变发展理念。由于全旗农村公路总量大、线长面广，交通部门养护力量有限，旗政府通过工作调度、制度明确、强化考核等方式，引导各有关单位树立“三分建、七分养”的理念。公路管养单位通过媒体报道、发放材料、悬挂条幅等形式，引导群众树立“公路修到家、养护靠大家”的思想认识。二是深化分级养护。经营性公路由经营企业养护，非经营性县道由旗公路管理段养护，乡村公路由镇村养护，旗农村牧区公路养护管理所对镇村养护工作进行业务指导。通过承包养护、分段养护、群众突击季节性养护和专业养护等方式，推动实现“有路必养，养必良好”。三是深化监管考核。每年定期开展路况质量检查4次、桥梁半年例行检查2次；完成桥梁主体结构及附属构造物5年期内技术状况检测、评定，已检评桥梁41座。完成农村公路养护数据库更新，为后期科学安排养护工程和针对性开展养护提供基础数据和决策依据。旗政府将农村公路养护纳入对苏木镇政府、部门实绩考核，并通过信息化考评系统实时监控，年底进行综合考评。四是注重日常养护。督促各单位全面细致开展日常养护，不定期组织群众性养护活动，及时修复水毁路段。全年挖补路面1.5万平方米，填补坑槽1.6万平方米，清理淤泥积沙4.4万立方米，填补水毁路段3.2万立方米，维修增设警示柱、护栏柱1198根，更换里程碑108块，增设标志牌117个，安全性能进一步提升，路容路貌大为改观。五是发挥示范引领。做好农村公路标志标牌配置，在5条“四好农村路”示范路沿线增设警告警示标志62块、指路标志36块、里程碑45块。镇、村进一步压实农村公路管养主体责任，提升主人翁意识，加派人员增强“四好农村路”示范线路日常养护和管理保护。群众爱路护路意识提高，镇村互学互比氛围渐浓。

（四）运营服务优化，出行效率和增收致富实现双加速。一是实现路通车通。按照先易后难、循序渐进的工作思路，完善行政村公路基础设施和养护管理，同步发展农村客

运，提前实现行政村通客运班车率100%目标；同时做好安全监管，逐步推进农村公路客运候车亭建设，改进候车环境，满足群众安全便捷出行需要。二是创新客运经营模式。全面实行城乡公交一体化运营模式，使运营成本下降，运输效率提升，群众得到更大实惠。通过多种方式，确保农村客运“开得通、留得住”。三是加快产业融合发展。发挥区位、资源、交通等要素汇集优势，依托四通八达的农村交通，推动面向农村的末端网络运营模式，促进农产品进城和农资、消费品下乡双向流通，助力精准扶贫和农牧民增收致富。境内物流、金融、电商等现代服务业快速发展，保善堂、金泰禾等农畜产品物流园区完成蔬菜配送30万吨。全域旅游发展势头良好，新增乡村旅游示范点5个、市级农牧家乐旅游典型示范户5家，全年接待游客234.5万人次，实现旅游收入75.3亿元，同比增长21.7%和24.5%。

纵横交错、四通八达的农村公路通到百姓家门口和田间地头，改善了20多万农牧民的居住和出行环境。路好走了，村民的电瓶车和村里运输农副产品的农用车多了起来。农村交通与农牧业、乡村旅游等产业融合发展加速推进，农牧民致富路越走越宽。

“四好农村路”建设，事关乡村振兴。2018年和今后一个时期，达拉特旗将把“四好农村路”建设与美丽乡村、脱贫攻坚、富饶达拉特建设相结合，学习借鉴先进经验，健全长效工作机制，提升路网服务功能，突出品质工程创建，完善农村客运网络体系和农村物流体系，新改建一批资源路、旅游路、产业路，给农村牧区带去人气、汇聚财气，为实施乡村振兴战略、推动农民脱贫致富和加快农业农村现代化提供有力支撑。

“四好农村路”发展之群众所见

达拉特旗地处呼包鄂腹地，南部地广人稀，沟壑纵横；北部黄河过境，土地渗水，道路翻浆。曾几何时，出行问题成为农牧民的一块“心病”，是制约农村牧区经济社会发展的瓶颈。

经济发展、交通先行。通过农村公路多年发展，不仅打通了距离农牧民的最后一公里，也疏通了农村发展的经络，激发了农业、农民、农村的活力，广大农村牧区呈现出路通、人和、产业活的勃勃生机。

一、从两腿裹满泥到两脚不沾泥

沿黄河畔从东到西都流传着“青蛙叫，蚊子咬，亲家来了走不了”的俗语，这是对这里一种“黏人”特殊环境的描述。

每逢春季土地消融，水就一点点从地里渗出来，泥水混合、道路翻浆，踩在地上就像是踩在海绵上一样，颤颤巍巍。走不了几步，鞋子就被黏人的红泥包裹起来，脚踩下去拔都拔不起来，水靴是每人必备。有车的人家，春季雨季也只能把车子摆在高处，眼睁睁地看着，派不上用场。在沿河渗漏区家家户户都曾经历过这些让人啼笑皆非的故事。

蔺占东家在王爱召镇德胜营子村，距离黄河国堤一百多米。春耕时节正是道路翻浆的时候，村里的道路全面瘫痪，重车走不了，化肥、种子只能运到大坝上，再用小四轮车一点一点往地里搬。蔺占东开了一家小卖部，雨季的时候进雪糕，三轮车开到大坝上进不了村，车轮胎打滑，光见轮子转不见车动弹，他只能无奈地从坝上一箱一箱把雪糕背回来。由于道路原因，收粮食的车只有上冻的时候才进来，蔺占东常因此赶不上好行情。

修路是沿河村民年年都在做的事情，每年村里都要组织在翻浆捣毁的路上铺上砂石。但由于特殊的地质，路年年修、年年烂。在沿河渗漏区修路必须换填，将路段下挖80~120厘米，填上石块和沙子，碾压好了才能上油。特殊的地质给修路出了一道难题，装载机进去也出不来，修路得倒着来，铺一段，才能行一段。

2015年后，结合美丽乡村建设，旗里投入大量资金大力改善乡村道路，村里修了乡村油路，街巷硬化到户，农牧民的生活也豁然开朗起来。站在高处瞭望，一条条油路蜿蜒入村，曾经泥淖中的村庄变得整洁而清晰起来，时常能听到卖蔬菜、水果，收粮食及牲畜的商贩们往来叫卖。

为方便农牧民出行，全旗健全了农村客货运体系，实行城乡公交一体化运营，行政村通客运班车率达到100%。

“可是不一样了！现在我们出门两脚不沾泥”。路通了，极大地方便了农牧民的生产生活，村民们笑容舒展，无不称赞。

二、脱贫有思路　致富有门路

在树林召镇成塔村，国家级贫困户康顺笑嘻嘻地讲着他脱贫的故事。

成塔村位于达拉特旗南部，丘陵山区，靠天吃饭，土地收入微薄。康顺的妻子患关节炎，吃药治病让家庭陷入贫困。梁外地广人稀，空气条件好，适宜养殖，但因为路不好走，农畜产品销售成了问题。

2017 年，县道 X607 全线贯通，公路全长 52.3 公里，连通了三垧梁、沟心召、哈什拉、康家湾、成塔等 5 个梁外村，经过经济开发区直接通到树林召镇中心，东到风水梁镇，南连东胜区。从成塔村到东胜区仅需十几分钟。

路通了，农畜产品销售渠道广了，价格也提高了。这条路的畅通点亮了康顺脱贫致富的希望。2017 年他承包种了 30 多亩地，有玉米、土豆、黑豆；贷了 5 万元扶贫贷款，建了棚圈，买了 6 只猪崽。康顺把农产品拉到东胜去卖，价格高了不少，以前土豆就地出售一斤三四毛钱，运到东胜街上一斤能卖到七八毛钱，价格翻了一番，收入也翻了番。4 头猪，没出门就卖了出去。他将信息发到微信朋友圈，杀猪那天，预定的城里人上门来取，现杀现卖，不用推销，不用送货，以往 14 元的猪肉卖出了每斤 17 元的好价格。

康顺说："原来遇到下雨什么都买不回来，现在饲料没了，一个电话，不管是东胜的还是树林召的都是抢着送货上门。"去年，康顺卖土豆、玉米收入 2 万多元，出售 4 头猪收入 3 万多元，一年内脱了贫。

张文清今年 60 岁，家住成塔村。从去年开始，这个深居简出的农村妇女，走街串巷做起了小买卖。张文清种了 5 分地的甜玉米，上市的时候她每天骑着电三轮车，拉着玉米去赶早市。1 个玉米能卖 1 块钱，每天去一趟就能赚到一两百元的现钱，张文清 5 分地的收入接近 2000 元。

像康顺、张文清这样的户子在村里渐渐多了起来。路通了，交流频繁了，人们的思想也在悄然变化。隆冬时节，大家围坐在一起谈论来年打算："咱们这就应该盖上点蔬菜大棚，到时候冬天也能有收入了""村里规划的了，先搞试验示范"，大家你一言我一语讨论如何致富。

"要想富，先修路"，村民们有着切身的感受。这条路，让他们有了脱贫思路，找到了致富的门路。路通了，农村的经济也活了。

昭君镇羊场村，曾经这里土地盐碱化严重，现在这里稻花飘香。农牧民通过多年探索，找到了“以稻治碱”的方法。水稻种植面积达到 1 万亩，水稻种植、加工、销售体系逐步形成。目前仅羊场村就建起了 4 家大米加工厂。这些都得益于道路的改善。

良好的交通助力农牧业产业发展。达拉特旗已在沿黄冲积平原区发展规模化种植业及农牧业产业格局，在沿黄河一线发展水产、水稻等涉水产业；在库布其沙漠北缘与平原过渡带发展奶牛、肉羊等养殖业；在南部丘陵区发展杂粮、獭兔等特色种养业。在龙头企业、旅游市场带动下，实现市场销售和生产加工良性互动，农牧业走上了高效、优质、绿色、品牌的发展道路，成为呼包鄂的“米袋子”和京津冀陕的“菜篮子”，是自治区重点打造的沿河现代农牧业基地。

良好的交通条件促进了电商物流的崛起。中和西镇是达拉特旗最西边的一个镇，距离旗政府所在地 80 公里。农牧民的鸡蛋、面粉、杂粮等农副产品通过电商平台销售到呼市、山东、陕西、山西、上海、海南等地。依托四通八达的农村路网，推进促进农村物流体系构建。现全旗已形成旗、乡、村三级电商物流体系。2017 年农副产品网上交易额达 6700 多万元，解决就业 526 人，带动一批贫困户增收致富。2016 年获批国家级电子商务进农村综合示范县。

畅通的农村公路带动了全域旅游的发展。农村公路把响沙湾等星级旅游景点与农牧渔家乐乡村旅游接待户有效连接，形成多条旅游观光线路，全域旅游在培育下初显成效。

△ 东海心村通村公路路基施工

△ 石活子至赛乌素通村公路路面施工，项目位于达拉特旗昭君镇南部，与东胜区接壤，路线全长 13.2 公里，公路建成后极大地方便了两地群众往来

杨家圪堵至四柜通村公路砂砾垫层压实度检测

五股地至井泉通村公路基层摊铺

▲ 西大城至乌兰壕通村公路沥青路面摊铺

▼ 四通八达的公路网

△ 二河滩至五股地通村公路，骑行爱好者结伴出行

▽ 树林召西出口公路

△公路安全保护宣传

△路政、交管联合执法检查

▲ 运管、交管等部门整顿公路沿线机修商铺

▼ 公安、交通联合执法队伍建设

X618 阳巴线西柳沟河槽水毁抢修

公路沿线环境卫生整治

路桥公司施划 X635 树林召镇过境公路路面标线

X631 马呼线路面挖补

X631 马呼线杨家壕大桥桥梁例行检测

公路管理段清理路面积沙

树林召镇耳字壕村

白泥井镇七分子村通村公路

王爱召镇老右湾村

王爱召镇杨家圪堵村

树林召至东海心通村公路，连通宝善堂蔬菜物流园，新鲜蔬菜从这里发往包头、呼和浩特等地

五股地农产品物流园区

依托四通八达的农村公路，积极发展草莓采摘园、农家乐等路域经济

昭君城旅游区

畅通的农村公路使响沙湾、库布其等星级旅游景点与农牧渔家乐等乡村旅游接待户有效连接

树林召镇东海心村鱼产业

树林召至吉格斯太城乡公交

电子商务线下服务店

牧草种植基地

库布其沙漠各地游客

◀ 休闲观光农业—黄河驿站乐筑怡居

▲ 现代农业—马铃薯种植基地

附件 A

达拉特旗农村公路管理办法

2016 年 5 月 10 日　　　　　　　　　　达政发〔2016〕164 号

第一章　总　　则

第一条　为加强和规范农村公路管理，保障农村公路完好畅通，促进农村公路可持续健康发展，更好地为地方经济发展和新农村新牧区建设服务，根据《公路法》《公路安全保护条例》等有关法律法规的规定，结合我旗实际，制定本办法。

第二条　本办法适用于全旗行政区域内农村公路的规划、建设、养护、路政管理和运营管理。

本办法所称农村公路，指纳入农村公路规划并按照公路工程技术标准修建的县道、乡道、村道及其所属设施。公路包括公路桥梁和附属设施。

第三条　农村公路规划、建设、养护、路政管理和运营管理遵循政府主导、分级负责、规范建设、有路必养、综合管理、高效运营的原则。

第四条　旗人民政府为本行政区域农村公路规划、建设、养护、路政管理和运营管理的责任主体，把农村公路发展纳入国民经济和社会发展规划，逐步加大对农村公路的资金投入，促进农村公路持续健康发展。

旗交通运输主管部门及其农村公路管理机构具体负责农村公路规划、建设和县道养护、管理工作。

苏木镇人民政府和嘎查村委员会按照“县道县管”“乡道乡管”“村道村管”的原则，履行农村公路管理责任，所属的公路管理机构具体负责农村公路管理。

第五条　苏木镇人民政府应根据农村公路管理需要，完善苏木镇农村公路管理机制，配备管理人员，人员和工作经费纳入本级人民政府公共财政预算。

第六条 农村公路、公路用地和公路附属设施受法律保护，任何单位和个人不得侵占和破坏。任何单位和个人，都有保护公路、公路用地和公路附属设施的义务，有权检举和控告破坏、损坏公路、公路用地和公路附属设施以及影响公路安全的行为。

第七条 苏木镇人民政府和嘎查村委员会要积极动员群众义务投工投劳，建设、养护和管理辖区农村公路，并做好公路用地的征用和调配工作。

旗发改、财政、国土、规划、环保、农牧业、林业、公安、安监等部门，按照各自的职责做好农村公路相关工作。

第二章 农村公路规划

第八条 农村公路规划应结合新农村建设，根据全旗经济和社会发展规划、土地利用总体规划以及人民群众生产生活、农业生态环境的实际编制，符合国家和自治区农村公路发展目标，与国道、省道发展规划和其他方式的交通运输发展规划相协调，并与城乡规划相衔接。

第九条 旗人民政府负责组织、指导、协调、审定农村公路发展规划。

旗交通运输主管部门在各苏木镇人民政府的协助下编制农村公路建设发展规划，经旗人民政府批准后报自治区交通运输主管部门。

编制村道规划应听取沿线嘎查村民委员会的意见。

第十条 农村公路规划的基础数据以农村公路数据库为基础。

第十一条 农村公路年度建设计划由旗交通运输主管部门会同各苏木镇人民政府编制。

年度建设计划要与农村公路总体规划一致，坚持“因地制宜、实事求是、突出重点、先易后难”的原则，结合农业项目、移民村、新农村、农田水利水保等规划，优先安排群众积极性高、通行能力低、社会经济效益明显的项目。

第三章　农村公路建设

第十二条　农村公路建设应当遵循保护环境、节约土地、保障投入、经济实用、确保质量、安全畅通的原则，实行政府主导、社会参与、统筹规划、分级负责。

充分利用现有道路进行改建或扩建，尽量减少拆迁，少占耕地，加强环境保护。桥涵工程应当采用经济适用、施工方便的结构型式。路面应优先选择能够就地取材、易于施工、有利于后期养护的结构类型。

鼓励农村公路建设应用新技术、新材料、新工艺。

第十三条　农村公路建设实行项目库管理制度，旗交通运输主管部门应建立农村牧区公路建设项目库，做好项目排序和项目储备。

第十四条　农村公路建设应当重视排水和防护工程的设置，提高公路抗灾能力。在经过陡坡、急弯、沿河、临崖、交叉道口等路段时应设置必要的安全、防护设施或警示标志，提高行车安全性。

农村公路防护、排水以及交通标志等交通安全和其他附属设施应当与主体工程同时设计、同时施工、同时投入使用。

第十五条　按照国家有关规定农村公路建设资金列入旗人民政府的财政预算。

农村公路建设逐步实行政府投资为主、农村牧区为辅、社会各界共同参与的多渠道筹资机制。

鼓励农村公路沿线受益单位捐助农村公路建设；鼓励利用冠名权、路边资源开发权、绿化权等方式筹集社会资金投资农村公路建设，鼓励企业和个人捐款用于农村公路建设。

第十六条　通过村庄的村道，其村内部分可以由村民委员会按照国家和自治区有关规定，在遵循村民自愿、量力而行的原则下，采取“一事一议”筹资筹劳和政府奖补相结合的方式筹集建设资金。

第十七条　农村公路建设资金应当实行专户管理、专项核算、专款专用，接受审计、财政部门的审计和监督检查，任何单位和个人不得截留、挤占和挪用。

农村公路建设不得拖欠工程款和农民工工资。

第十八条　农村公路建设用地依法列入农用地范围，按国家有关规定执行。

农村公路建设需要拆迁的，应按照政府确定的补偿标准给予补偿。

第十九条 农村牧区公路建设涉及的取料场（土、砂、石）、弃料场以及工程建设临时用地由沿线苏木镇人民政府按照相关法律、法规的规定办理。工程完工后，由项目法人单位负责恢复原貌并采取相应措施复垦，防止发生新的水土流失。

第二十条 农村公路建设项目符合法定招标条件的，应当依法进行招标。

对于规模较大、技术复杂的农村公路建设项目以及大桥、特大桥工程应当单独招标，建设规模较小的农村公路建设项目可以多项目一并招标。

招标结果应当在当地进行公示。

第二十一条 农村公路建设单位对工程质量负管理责任，施工单位对施工质量负责。

建设单位和施工单位要依据职责，明确质量责任，落实质量保证措施，加强质量与技术管理。

第二十二条 农村公路建设项目应建立工程质量责任追究制和安全生产责任制。

农村公路建设、设计、施工和监理单位应当明确安全和质量管理责任，落实安全和质量保证措施。

农村公路建设过程中，发生工程质量或者安全事故，应当按照有关规定及时上报，不得隐瞒。

第二十三条 农村公路建设项目实行工程监理制度。

第二十四条 加强对农村公路建设质量和施工安全的监督工作。

建设单位可以聘请技术人员或者群众代表参与农村公路建设质量和施工安全的监督工作。

建设单位须实行农村公路建设“七公开”制度，施工现场应当设立公告牌，公告有关责任单位、责任人、主要质量控制指标和质量举报电话，以便社会监督和质量问题举报。

第二十五条 农村公路招呼站或候车厅应当与农村公路建设同步实施。

第四章 农村公路养护

第二十六条 本办法所称农村公路日常养护即小修保养工程，是指为保持农村公路正常使用而对公路及其沿线附属设施进行的经常性维护保养和预防性维护保养，以及为提高服务水平而进行的加固、改善或增建。农村公路养护工程即大、中修工程及改建工程、安保工程和危桥改造工程，是指对公路及其沿线设施的较大损坏部分进行周期性综合修理和加固，以及对影响行车安全的路段进行缺陷整治。

第二十七条 农村公路养护的总体要求是：保持路基、边坡稳定，路面平整坚实整洁，拱度适中，构造物完好，排水畅通，行车安全顺适，确保农村公路经常处于良好的技术状态，实现田路分家、宅路分家。

第二十八条 农村公路可实行专业养护与兼职养护、经常性养护与突击性季节性养护相结合的方式。县道的专（兼）职养护人员由旗公路管理段或公路经营单位公开招聘。乡道的专（兼）职养护人员由苏木镇人民政府公开招聘。村道的专（兼）职养护人员由途经村村民委员会根据“一事一议”的方式或制定村规民约确定，并报旗公路管理机构备案。

经常性养护由苏木镇人民政府、旗公路管理段采用承包制或招投标等形式完成；突击性和季节性养护可采取发动群众和雇工等形式完成，每年不得少于 2 次。各苏木镇人民政府负责组织和协调，旗公路管理机构负责技术指导。

农村公路养护逐步引入市场机制，鼓励面向社会公开招标，择优选定具备资格条件的养护单位，推进农村公路养护专业化。

第二十九条 农村公路和桥涵养护要求：

（一）水泥混凝土路面：经常清扫路面、清理边沟，及时清除各种杂物，保持路面清洁、排水畅通；春、秋两季对路面缩缝、胀缝、裂缝进行灌缝处理，做好水泥路面防渗；对水泥板麻面、露骨、坑洞等严重影响行车舒适的板块，视情况进行翻修或表面处置；对混凝土破碎、脱空、沉陷、断裂、拱起的板块，应及时压浆稳定或翻修；混凝土面板损坏严重的路段，应及时进行大中修。

（二）沥青路面：保持沥青路面清洁、完好；定期对沥青路面裂缝灌缝，防止渗水；沥青路面出现车辙、泛油、拥包病害或平整度差时应先铣刨再用热沥青或冷补料修补；路面出现早期网裂、松散时，应用乳化沥青罩面；沥青路面出现坑槽、沉陷、严重网裂、啃边、松散等病害时，应挖除面层和松散基层，补强基层，用热沥青或冷补料修补面层，并做到小塘大补、圆塘方补，不凸起、不凹陷，标高与原路面平齐。

（三）砂石路面：经常清理路面，及时清除杂物；坑槽、沉陷、车辙路段应及时回填夯实，达到设计坡度、强度；保持路面排水通畅，以防雨水冲刷。

（四）桥涵：经常清扫桥面，保持泄水孔畅通、伸缩缝无杂物和涵洞不堵塞；加强桥涵管理，定期检查桥涵技术状况，险桥危涵应设立限载、限行等标志；保持桥、路衔接平顺，无跳车、无隐患，有问题及时处理；桥梁栏杆断裂、混凝土剥落、桥面铺装损坏、浆砌块石接缝出现裂缝、沉降、外倾时应及时维修；桥涵受力构件混凝土老化、截面变形、构件松动、开裂等影响行车安全的，必须及时进行局部加固或拆除重建；桥梁基础被河水冲刷掏空的，应及时加固处理，确保安全。

第三十条 农村公路养护用地及养护需要的砂、石、土、水等，由苏木镇人民政府、嘎查村委员会解决。沿线有关企事业单位、嘎查村和农牧民群众应当为农村公路养护提供便利和支持，保证养护需要。

第三十一条 承担农村公路养护作业的单位和人员应按照国家、自治区和市旗有关技术规范、操作规程和养护合同规定对农村公路进行养护，并达到下列标准：路面整洁，路拱适中，基本消除影响行车的病害；路基稳定、排水通畅；桥涵构造物坚实无损，始终处于安全的技术状况；交通标志齐全醒目；镇村路段无脏乱差现象，路容路貌整洁美观；冬季及时除雪防滑，保证道路安全畅通。

第三十二条 旗交通运输主管部门、苏木镇人民政府和旗公路管理机构应当建立农村公路灾害防治应急保障机制，提高抗灾能力和应急救援能力。

因自然灾害等原因造成农村公路交通中断的，旗、苏木镇人民政府及旗交通运输主管部门、公路管理机构和各具体养护单位应当立即组织抢修；短时间内难以抢通的，应在相应路段设置醒目的警示、警告标志牌设，通告绕行路线并组织修建临时便道。

第三十三条 农村公路养护人员进行养护作业时，应按有关规定穿着安全标志服；利用车辆进行养护作业时，应在公路和作业车辆上设置明显的作业标志；影响过往车辆正常通行时，必须在作业区间和施工路段两端设置明显施工标志。

第三十四条 农村公路绿化应与绿色通道建设相结合，纳入地方政府的绿化计划，任何单位和个人不得擅自对农村公路两侧的树木进行砍伐；确需更新的，须经旗交通运输主管部门和林业主管部门批准。

第三十五条 农村公路应当按照国家规定设置必要的警示、指示标志，并做好管理维护。

第五章 农村公路路政管理

第三十六条 建立健全“政府负责、部门指导协调、各方联合行动”的治超机制。

旗交通运输主管部门主管本地区农村公路安全保护工作，委托旗公路管理段依照《公路法》《公路安全保护条例》《路政管理规定》及有关法律法规，对全旗农村公路实施路政管理、公路建筑控制区管理及超限超载运输治理，维护路产路权，保证农村公路完整、完好、安全畅通。

运管部门会同相关部门，加强矿山、水泥厂、物流园区等货物集散地排查，加强对重点货运源头货物装载工作的监管，监督企业安装使用称重设备和监控设施，杜绝超限超载车辆上路行驶，并严厉打击擅自改装车辆非法行为。

经信、市场监督管理部门按照职责分工负责货车生产改装、销售企业及产品集中清理。

煤炭监管部门负责煤炭生产企业监督管理，对不按规定装载的煤炭生产企业，根据相关规定严肃处理。

苏木镇人民政府和嘎查村委员会应在农村公路沿线安排一定数量的义务路政监督员，做好农村公路限宽限高保护设施完善、维护社会稳定等工作。

路政、交管、运管部门依托超限检测站开展路面联合执法，严查冲闯公路站点等违法行为。

第三十七条 依法加强农村公路建筑控制区的管理，公路建筑控制区的范围，从公路用地外缘起向外的距离标准为：

（一）县道、乡道、村道不少于 10 米；

（二）公路弯道内侧、互通立交以及平面交叉道口的建筑控制区范围根据安全视距等要求确定；

（三）新建一级公路两侧建筑控制区不少于 50 米，二级公路不少于 20 米；

（四）新建村镇、开发区、学校和货物集散地、大型商业网点、农贸市场等公共场所，与县道、乡道公路建筑控制区边界外缘的距离应不少于 20 米，并尽可能在公路一侧建设。

农村公路建筑控制区内除公路保护需要外，禁止修建建筑物和地面构筑物。

第三十八条 农村公路、公路用地和公路附属设施受法律保护，任何单位、组织和个人不得侵占和破坏。确需占用或穿越的，应先征得旗交通运输主管部门或其委托管理机构的同意。

任何单位、组织和个人均有权检举和控告破坏农村公路、农村公路用地、农村公路附属设施以及影响农村公路安全的行为。

第三十九条 严禁在农村公路桥梁、公路防护工程上下游 100 米范围内挖石、采矿、取土、采沙；不得在公路边坡及边沟外缘 2 米范围内取土、取砂（石）；严禁盗伐、损坏公路行道树。

第四十条 凡超过农村公路和桥梁限载、限高、限宽、限长标准的车辆，须经交通运输主管部门批准并签发《超限运输车辆通行证》方可通行。

第四十一条 旗交通运输主管部门或苏木镇人民政府可根据保护乡道、村道的需要，在乡道、村道的出入口设置必要的限高、限宽设施，但不得影响消防和卫生急救等应急通行需要，其他任何单位和个人不得在乡道、村道上设置障碍物。

第四十二条 任何单位和个人均不得在农村公路上非法设卡和拦车收费。

第四十三条 农村公路及公路用地范围内不得摆摊设点、堆放物品、倾倒垃圾、设置障碍、挖沟引水、打场晒粮、种植作物、放养牲畜、炸石取土、焚烧物品、利用公路边沟排放污物或者进行其他损坏、污染公路和影响公路畅通的行为。

第四十四条 任何单位、组织和个人不得损坏、移动、涂改、遮挡农村公路标志标线，不得在公路标志标牌上书写广告。

第六章 农村公路运营管理

第四十五条 农村公路建设、管理、养护要与农村经济发展、农民群众安全便捷出行相适应，要与休闲、旅游、文化等方面有机结合，发挥农村公路在促进农村经济社会发展等方面的重要作用。

第四十六条 加强路政、运政、养护部门协调联动机制，确保农村公路安全保通工作，保证运输车辆特别是客运车辆的安全运营。

第四十七条 交通、发改、财政、经信、国土、文旅等相关单位要进一步强化措施、整合资源、创新体制、完善政策、加大投入，统筹规划城乡交通基础设施、客运、货运物流、快递等内容，逐步消除制约农牧区发展的交通瓶颈，推动城乡交通运输与供销、旅游、电商等资源共享，实现优势互补和融合发展，为加快扶贫攻坚、促进农村牧区经济发展提供保障。

各苏木镇要以推进农村公路建设、养护、管理为契机，结合本地资源实际，发挥优势，做强产业，不断壮大镇域经济。

第四十八条 深入推进城乡客运一体化，建立资源共享、相互衔接、布局合理、畅通有序的城乡客运网络和覆盖城乡的一体化客运服务体系，加强监管，规范经营行为，不断提高客运服务水平。

第七章 管理体制和职责

第四十九条 旗人民政府应履行农村公路管理的主体责任，落实旗、镇、村农村公路管理工作机构和人员，完善建设、养护、管理资金财政预算保障机制。

第五十条 旗交通运输主管部门负责全旗农村公路管理的监督、检查和指导，协调、指导苏木镇人民政府做好乡、村公路的管理。

旗农村牧区公路养护管理所为全旗农村公路日常管理机构，具体负责全旗农村公路养护管理的监督、检查和指导。主要职责：

（一）贯彻执行国家有关法律、法规、规章、制度及行业技术规范、标准。

（二）拟定非经营性农村公路养护建议计划，并按照批准的计划组织实施。

（三）向各级农村公路养护管理机构提供养护技术指导。建立和完善农村公路养护管理档案。

（四）监督、检查、考核农村公路养护计划执行情况和养护质量。

（五）定期组织开展农村公路养护质量检查，发布情况通报。

（六）协助旗交通运输主管部门组织开展农村公路大、中修等养护工程项目的审定、招投标及竣（交）工验收。

（七）建立健全农村公路养护资金管理制度，按公路养护项目进度、质量实行计量支付。

（八）编制、汇总、上报各类养护管理报表，做好交通量、公路路况、水毁、大中修工程进度等统计和上报。

（九）组织技术人员对苏木镇报送的公路桥梁安全状况进行评价和鉴定，及时上报加固方案；审定水毁修复工程方案，并及时深入重大水毁现场指导抢修。

旗公路管理段负责全旗农村公路路政管理和路产路权保护。负责全旗非经营性县级公路的养护管理。

第五十一条 苏木镇人民政府及所属的乡村公路管理机构负责本地区乡级公路管理、养护、保护等方面的具体工作，指导嘎查村做好村级公路的养护和管理。主要职责：

（一）组织实施本行政区域内乡、村级公路的养护、管理资金筹集及管理。

（二）编制乡级公路养护年度建议计划，报旗公路管理机构。根据旗公路管理机构下达的年度养护计划，落实养护工程目标计划，定期检查公路养护工程质量和养护目标计划执行情况，发布情况通报。

（三）负责行政区域内管养公路危险路段调查汇总及安保设施建设，负责桥梁安全状况和公路灾毁巡查。重大险情必须在 2 小时内报旗人民政府及交通运输主管部门。

（四）组织实施灾毁抢修，设置危险路段警示标志、标牌并做好维护，保证公路安全畅通。

（五）检查考核村级公路的养护、管理工作。

（六）编制、汇总、报送各类养护管理报表，做好交通量、公路路况、水毁、日常养护进度情况统计和报送。

第五十二条 嘎查村及所属的村级公路管理机构负责本村村级公路的管理、养护、保护等方面的具体工作。主要职责：

（一）通过“一事一议”等方式筹集养护资金，组织实施村级公路日常养护管理。

（二）加强路况巡查，及时发现并上报危险路段情况，设置必要的警示标志并采取切实可行的解决措施。

（三）积极协助做好本区域内其他公路的保护工作。

第八章 资金筹集管理

第五十三条 农村公路建设、养护、管理资金的筹集与管理，遵循“政府投入为主、多方筹措、统筹安排、分级管理、专户存储、专款专用”的原则。

第五十四条 各级人民政府应当根据农村公路管理需求实际，统筹本级财政，安排必要的财政资金，保证农村公路协调发展。

旗人民政府将农村公路养护、管理资金纳入地方财政预算，并从旗财政每年环境卫生综合治理及公共设施日常维护经费中提取一部分用于农村公路养护管理，建立稳定的来源渠道及增长机制。

第五十五条 农村公路养护资金主要来源：一是各级人民政府统筹安排的公共财政预算资金、中央补贴资金和自治区、市财政转移支付资金；二是苏木镇筹集的养护资金和嘎查村委员会通过“一事一议”等方式筹集的养护资金；三是企业、个人、社会捐助或通过转让农村公路桥梁冠名权、路域资源开发权、绿化权等市场化运作方式筹集的农村公路养护资金；四是在不违背国家法律、法规前提下筹集的其他资金。

苏木镇筹集的养护资金专项用于本行政区域内乡、村级公路养护。

村民委员会通过“一事一议”筹集的养护资金，由村民委员会统筹安排专项用于村道养护，并在项目所在地进行公示。

企业和个人捐助的资金，应当在尊重捐助企业和个人意愿的前提下，由接受捐赠单位统筹安排用于农村公路养护。

其他渠道筹集的农村公路养护资金由旗交通运输主管部门统筹安排，禁止截留、挤占或者挪用，努力提高资金使用效益，不断完善资金监管和激励制度。

第五十六条 旗交通、财政、审计等部门负责对农村公路建设、养护、管理资金的使用情况进行监督和检查，每年对各级财政转移支付资金使用情况进行专项审计。

第九章 考　　核

第五十七条 苏木镇人民政府必须采取有力措施加强农村公路管理，农村公路管理工作纳入旗对苏木镇人民政府年度实绩考核。

第五十八条 旗交通运输主管部门或公路管理机构对县道养护管理检查每季进行 1 次，对乡村级公路养护管理检查每年进行 1 次，并根据工作需要，不定期进行抽查，检查考核结果作为考核公路管养单位的主要依据。适时开展联检联评，并与当地今后的公路建设项目安排、低保、美丽庭院、星级文明户评选、金融信贷、参军入伍推荐及道德诚信评定等挂钩。

第五十九条 违反本办法规定，不按规定对农村公路进行管理的，由旗人民政府对责任单位进行通报批评，限期整改；情节严重的，停止补贴资金拨付，依法对责任人给予行政处分；造成农村公路出现弃养或严重影响车辆通行的，减少或停止项目所在苏木镇下年度农村公路建设项目、养护项目安排及投资投入，并追究相关责任人责任。

第六十条 因养护管理不善，造成路况水平急剧下降、通行受阻的，核减责任单位下一年度养护管理资金；发生安全生产责任事故的，依法追究有关部门和责任人的责任。

第十章 附 则

第六十一条 嘎查村街巷硬化道路的养护管理参照本办法执行，各苏木镇可依据本办法和自身实际情况制定具体实施细则。

第六十二条 本办法由旗交通运输局会同有关部门共同负责解释。

第六十三条 本办法自印发之日起施行。

附件 B

达拉特旗农村公路建设管理制度

2016 年 8 月 22 日　　　　达政发〔2016〕175 号

第一章　总　　则

第一条　为加强达拉特旗农村公路建设管理，促进农村公路健康、持续发展，推进社会主义新农村建设，根据《中华人民共和国公路法》、交通运输部《农村公路建设管理办法》等有关法律、法规，结合我旗农村公路建设实际，制定本制度。

第二条　本制度适用于旗人民政府和有关部门投资的农村公路新建和改建工程的建设管理。

本制度所称农村公路，是指纳入农村公路规划并按照国家和自治区技术标准修建的县道、乡道和村道。

第三条　农村公路建设应当遵循保护环境、节约土地、保障投入、经济实用、确保质量、安全畅通的原则，实行政府主导、社会参与、统筹规划、分级负责。

鼓励农村公路建设应用新技术、新材料、新工艺。

第四条　旗交通运输局负责全旗农村公路建设的监督和指导；切实履行质量管理职责，贯彻落实交通运输部、自治区交通运输厅、市交通运输局关于农村公路建设管理的相关政策。

第二章　标准与设计

第五条　应当按照因地制宜、经济实用、量力而行的原则，合理确定农村公路的建设标准。

县道和乡道一般应当按照等级公路建设标准建设；村道的建设标准，特别是路基、路面宽度，应当根据当地实际需要和经济条件确定。农村公路客货站场应当与农村公路统筹规划、统一建设。

第六条 农村公路规划应当结合社会主义新农村建设，根据全旗经济和社会发展规划、土地利用总体规划以及人民群众生产生活、农业生态环境的实际编制，符合国家和自治区农村公路发展目标，与国道、省道发展规划和其他方式的交通运输发展规划相协调，并与城乡规划相衔接。

第七条 农村公路建设应当贯彻保护耕地、节约用地的原则，充分利用现有道路进行改建或扩建。桥涵工程应当采用经济适用、施工方便的结构形式。路面应当选择能够就地取材、易于施工、有利于后期养护的结构。

第八条 农村公路建设应当重视排水和防护工程的设置，提高公路抗灾能力。在陡岩、急弯、沿河路段应当设置必要的安全、防护设施和警示标志，提高行车安全性。

农村公路防护、排水以及交通标志等交通安全和其他附属设施应当与主体工程同步建设。

第九条 二级以上的公路或中型以上的桥梁、隧道工程项目应当按照国家有关规定，分初步设计和施工图设计两个阶段进行；其他工程项目可以直接采用施工图一阶段设计。

第十条 四级以上农村公路工程和大桥、特大桥的设计，应当由具有相应资质的设计单位承担；其他农村公路工程的设计，可以由旗交通运输局组织有经验的技术人员承担。

第三章　资金筹措与管理

第十一条 按照国家有关规定农村公路建设资金列入旗人民政府的财政预算。

第十二条 农村公路建设逐步实行政府投资为主、农村社区为辅、社会各界共同参与的多渠道筹资机制。

鼓励农村公路沿线受益单位捐助农村公路建设；鼓励利用冠名权、路边资源开发权、绿化权等方式筹集社会资金投资农村公路建设，鼓励企业和个人捐款用于农村公路建设。

第十三条 通过村庄的村道，其村内部分可以由村民委员会按照国家和自治区有关规定，在遵循村民自愿、量力而行的原则下，采取“一事一议”筹资筹劳和政府奖补相结合的方式筹集建设资金。

第十四条 农村公路建设不得拖欠工程款和农民工工资，不得拖欠征地拆迁款。

第十五条 农村公路建设资金应当实行专户管理、专项核算、专款专用，接受审计、财政部门的审计和监督检查，任何单位和个人不得截留、挤占和挪用。

第四章 建设组织与管理

第十六条 农村公路建设用地依法应当列入农用地范围的，按照国家有关规定执行。

第十七条 农村公路建设需要拆迁的，应当按照政府确定的补偿标准给予补偿。

第十八条 农村公路建设项目符合法定招标条件的，应当依法进行招标。

含群众集资、农民投劳或利用扶贫资金的农村公路建设项目，以及未达到法定招标条件的项目，可以不进行招标。

第十九条 对于规模较大、技术复杂的农村公路建设项目以及大桥、特大桥工程应当单独招标，其他农村公路建设项目可以在同一苏木（镇）范围内多项目一并招标。

第二十条 县道建设项目的招标由县级以上地方人民政府交通主管部门负责组织。乡道、村道建设项目的招标，可以由旗交通运输局统一组织，也可以在旗交通运输局的指导下由苏木（镇）人民政府组织。

招标结果应当在当地进行公示。

第二十一条 沥青（水泥）混凝土路面、桥梁等工程，应当选择持有资质的专业队伍施工。

第二十二条 农村公路建设项目实行施工许可制度。

第二十三条 农村公路建设单位对工程质量负管理责任，施工单位对施工质量负责。

建设单位和施工单位要依据职责，明确质量责任，落实质量保证措施，加强质量与技术管理。

第二十四条 农村公路建设项目应当建立工程质量责任追究制和安全生产责任制。

农村公路建设、设计、施工和监理单位应当明确安全和质量管理责任，落实安全和质量保证措施。

第二十五条 农村公路建设项目实行工程监理制度。

二级以上农村公路和中型以上桥梁建设项目，应当通过招标选择具有相应资质的监理单位进行监理；其他农村公路建设项目，可以由建设单位聘请具备相应资格的人员进行监理。

农村公路工程监理工作应当注重技术服务和指导，配备必要的检测设备和检测人员，加强现场抽检，确保质量，避免返工。

第二十六条 加强对农村公路建设质量和施工安全的监督工作。

旗交通运输局可以聘请技术人员或者群众代表参与农村公路建设质量和施工安全的监督工作。

农村公路建设施工现场应当设立质量责任公告牌，公告有关责任单位、责任人、主要质量控制指标和质量举报电话，以便社会监督和质量问题举报。

第二十七条 农村公路建设项目设定质量缺陷责任期和质量保证金。质量缺陷责任期为交工验收合格后不少于一年，质量保证金一般为施工合同额的 5%。

质量保证金由施工单位交付，由建设单位设立专户保管。质量缺陷责任期满、质量缺陷得到有效处置后，质量保证金应当返还施工单位。

第二十八条 农村公路建设过程中，发生工程质量或者安全事故，应当按照有关规定及时上报，不得迟报、漏报和隐瞒不报。

第五章　工程进度控制与管理

第二十九条 工程进度管理是指对工程项目各阶段的工作顺利及持续时间进行过程规划、实施、检查、督促、协调及信息反馈等一系列活动的总称。其最终目的是确保工程交付使用时间目标的实现。

第三十条 旗交通运输局负责工程进度控制和管理，设立专人负责审核进度计划并监督检查实施情况，把工程进度控制工作放在与投资控制和质量控制同等的地位。

第三十一条 工程进度控制的目标是确保工程项目既定工期目标的实现；或在保证施工质量且不增加施工成本的条件下，适当缩短施工工期。

第三十二条 工程进度控制的主要任务是编制进度计划并采取措施控制执行。进度计划在工程建设的管理中起主导作用，计划的编制要科学合理、切实可行。各分项工程进度计划必须服从总体工程进度计划要求；必须建立在合理的施工组织管理的基础上，做到组织、措施、技术和资源四落实。

第三十三条 旗交通运输局根据上级的要求，结合全线总体施工进度的统筹安排，对施工单位的合同工期、季度计划、月度计划作适当的调整。

第六章 合同管理

第三十四条 建设项目中的工程施工、监理服务、征地拆迁、技术服务等工作均应纳入合同管理。合同管理的主要内容是：建立健全合同管理制度，对合同履行情况进行监督检查，并对合同执行情况进行统计分析并科学管理。

第三十五条 项目实施前，项目法人单位（业主）必须遵照《中华人民共和国合同法》《中华人民共和国技术合同法》和招标文件的规定，与承包方、监理单位及其他与项目有关的合同单位签订书面合同。

合同的签订，除企业法定代表人外，必须是持有法人授权书的被授权人，被授权人必须在授权范围内行使签约权。

第三十六条 合同一经依法签订，即具有法律约束力。合同双方都必须严格执行合同规定的责任和义务，确保合同的全面履行。

第三十七条 在合同履行过程中，如实际履行确有人力不可抗拒的困难而需要变更时，应在法律规定或合理期限内与对方当事人进行协商。变更合同须采用书面形式（包括当事人双方的信件、函电、电传等），口头形式一律无效。

因变更合同而使当事人的利益遭受损失的，除法律允许免除责任的以外，均应由责任人承担相应的责任，并在变更合同的协议书中明确规定。

第三十八条 无论何种原因终止合同应签订书面协议。

建设期间施工合同的终止：

因承包人违约，造成业主强行终止与承包人的施工合同时，承包人应承担因此而产生的额外增加费用和合同中列明的其他费用。业主可暂停向承包人支付任何款项，在工程缺陷责任期满后，再由监理工程师查清承包人实施和完成工程与缺陷修复应结算的费用以及应扣除的完工拖延损失赔偿金（如有）和业主已实际支付给其他的各项费用，并予以结算。

因业主违约，造成承包人与业主终止施工合同时，业主应向承包人支付终止之日起完成的全部工程的费用和其他应得费用，还应支付给承包人由于该项合同终止而引起的或涉及的对承包人的损失或损害的费用。

新的施工单位（包括部分分割工程的承接单位）必须满足项目招标时的相应资质和强制性条件要求。业主与新的施工单位重新签订合同，合同价款由双方协商确定。

其余合同（如监理合同）的终止遵从相应招标文件或相关法律规定。

第三十九条 施工合同中，当合同双方在工程造价方面发生纠纷时，可通过下列程序解决：

（1）监理工程师组织双方协商确定；

（2）按施工合同条款约定的方法调解；

（3）向约定的仲裁机构申请仲裁或向约定的人民法院起诉。

第七章 安全生产管理

第四十条 建设单位是对全线安全施工统一监督管理的主管部门，凡在管理范围内进行建设工程活动（包括合同段施工、附属工程施工、进场便道施工、勘查作业、监理作业等）的单位、个人均需遵守本制度。

第四十一条 各参建单位可根据国家、地区行业有关工程建设安全管理法律法规和本规定的要求，结合不同类型工程和施工现场实际情况制定安全生产管理办法。

第四十二条 建设工程安全生产管理办法必须坚持贯彻“安全第一、预防为主”的方针和“管施工必须管安全”的原则，建立安全生产的责任制度和群防群治制度，实行逐级负责、系统管理、社会监督的安全管理体系，以安全系统工程的控制方法，进行全过程、全员、全方位的安全保证体系，确保工程安全生产。

第四十三条 参建单位的企业法人代表是企业安全生产第一责任人，对本企业的安全生产负全责。

第四十四条 参建人员有依法获得安全生产保障的权利，并应当依法履行安全生产方面的义务。参建人员必须严格遵守工程建设安全生产各项规章制度和安全操作规程，服从管理。参建人员有权拒绝违章指挥，对施工安全中存在的问题有权向有关部门举报。

第四十五条 参建单位必须认真遵守国家安全生产监督管理部门颁发的安全生产法律法规，并接受上级和有关部门的指导、监督和检查。

第四十六条 工程建设实行施工安全事故责任追究制度，遵照国家有关法律、法规的规定，追究生产安全生产事故责任人员的法律责任。

第四十七条 旗交通运输局安全生产监督股负责工程安全生产日常管理工作。

第四十八条 施工单位要针对项目存在的危险源，制定详细的应急处理预案，报业主安全生产监督大队备案。同时，配备满足应急处理工作需要的人力、物力、财力等。要针对重大安全事故抢险工作进行抢险演练，提高应急处置水平。

第四十九条 安全教育与培训。施工单位要健全安全教育培训机制，强化全员安全意识，重点对各工种的安全技术知识进行培训，使从业人员全面了解本工种存在的危险源，掌握预防安全事故的安全技术知识。

严格坚持先培训后上岗制度，对新工人必须进行安全教育，采用新技术、新工艺、新设备、新材料，必须对作业人员进行岗前培训。特殊工种人员必须经过专门安全技术培训，并取得有效证件及证书。

第五十条 建立健全安全管理规章制度。结合路段特点，建立健全涵盖各个领域各个方位的安全管理制度，制定完善安全控制实施细则，全面规范施工流程的每个环节。

第五十一条 劳动保护。施工单位必须根据不同工种、不同劳动条件，按照标准向职工发放劳保用品，所发劳保用品要确保质量，保证职工在施工过程中安全使用。

第五十二条 安全监管。施工单位要根据安全生产监管工作的实际需要，及时充实熟悉业务的专职安全监管人员，不定期对本单位安全生产工作进行检查。日常检查要有记录。安全生产监督大队和监理单位要随时随地抽检，发现安全隐患应及时上报处理。

第五十三条 综合治理。

（1）业主负责与当地政府和公安部门协调，施工单位要加强与业主和地方联系，发生治安事件要及时向业主报告，妥善解决。

（2）施工单位要严格审查包工队和临时用工人员，严防有犯罪记录人员混入，要配合公安机关做好暂住人员的管理工作。

（3）施工单位要加强安全用电管理，制定用电安全管理办法，施工用电、照明线路的电源线不准随意乱装、乱接，要经常进行工地现场巡查。施工单位自备的发电机房要制定专职值班制度，确保安全用电。

（4）工地的油库、仓库、财务室等，均为重点防火、防盗部门，必须确定责任人，指派专人看守，并配置安全消防器材和防盗设备。

（5）施工单位应当建立防火管理制度，在施工现场按照规定设置消防设施，加强对防火器材的管理工作，并使其保持完好的状态。在容易发生火灾的地区或者存储、使用易燃易爆物品时，施工单位应当采取特殊消防安全措施。

（6）施工单位应当先期调查地下光缆、电缆、天然气管道、地下供排水管道等地下隐蔽位置，与相关单位签订安全协议同意采取必要的保护和改移措施后，经监理工程师检查签字认可后方可施工。

（7）施工单位应做好河道防汛工作，编制防汛应急预案，配备防汛设施，由监理单位定期检查落实。

（8）施工单位应注意对施工现场高压杆和空中高压线的保护和隔离，编制和落实施工机械的躲避措施。

（9）如遇到高速公路、一级公路、二级公路，铁路有交叉工程的，应上报有关部门申请施工许可，编制施工方案和施工防护措施，经相关部门批准后方可施工。

（10）对公路有交叉的，应实施可行的绕行便道，并设立醒目的警示牌及引导标志。

（11）应定期检查工程的施工便道、便桥安全性，限载限速，设立醒目的警示标志，杜绝责任交通事故的发生。

（12）施工单位的垂直运输机械作业人员、安装拆卸工、起重信号工、电工、焊工等国家规定的特种作业人员，必须按照国家规定经过专门的安全作业培训，并取得特种作业操作资格证书。

（13）施工单位在工程中使用的施工起重机和整体提升式脚手架、滑模爬模、架桥机等特种设备，必须具有有生产许可证、产品合格证，并在安装后经过有相关资质的机构检验或验收后，方可使用；同时必须建立特种设备检查、维修、保养和使用台账。

（14）特种预制构件，施工单位必须确保安置稳定，严禁倾覆倒塌，尤其大型预制构件不得上下累积堆放。

（15）施工现场各作业场所及重大危险源施工场所必须设置明显的安全标志牌；安全生产工作过程必须留有书面记录，记录要求真实完整，能够全面反映安全生产管理工作的全过程。

（16）施工单位应当按照规定频率对施工现场的各种安全设施和劳动保护器具进行检查和维护，及时消除隐患，保证其安全有效作用。

第五十四条 施工现场安全目标。

（1）按照安全生产方针：安全第一、预防为主、综合治理；群防群治、狠抓落实、以人为本；无死亡事故（包括施工单位职工、协作队伍用工）

（2）减少重伤、轻伤和一般事故（包括施工单位职工、协作队伍用工）。

（3）杜绝管线、设备、交通等重大事故、火灾和经济损失10万元以上各类事故。

第五十五条 加强安全生产内业资料管理，是业主一体化工作的要求，也是突出安全生产工程管理、强化事故预防、实施重大事故安全责任追究的证实性依据。各参建单位必须按照文件管理目标要求，及时上报安全管理文件。

（1）安全生产领导小组框图；

（2）各级安全生产责任制；

（3）施工现场安全生产保证体系；

（4）安全生产技术交底制度措施、危险点预防措施等过程控制文件；

（5）安全生产月报、年报；

（6）安全生产大检查活动记录；

（7）安全会议、安全活动、安全教育等的记录、纪要；

（8）安全生产的奖惩制度；

（9）安全整改通知单及附件；

（10）事故统计及报告；

（11）制定意外伤害保险制度；

（12）制定安全费用管理制度；

（13）制定特种人员持证上岗制度；

（14）制定特种设备管理制度；

（15）制定安全事故应急救援制度；

（16）制定安全技术交底制度；

（17）制定消防安全责任制。

第五十六条 安全生产管理职责。

1. 业主安全生产管理职责

（1）贯彻国家安全生产监督管理部门颁发的安全生产方针政策、法令法规。

（2）制定本单位的安全生产规章制度、实施细则和安全生产分级责任制，负责对各参建单位安全管理体系运作的监督、检查和协调。

（3）组织召开本单位的安全会议，分析安全生产形势，组织本单位进行安全检查，总结交流经验，提出安全生产要求。

（4）定期或不定期组织建设工程参建单位召开安全生产工作会议，组织安全生产检查，发现新问题及时提出整改要求，消除安全隐患，确保安全生产顺利进行。

（5）参与本单位安全生产施工调查和处理工作，提出对事故单位及责任人的处理意见；参与参建单位安全生产事故的调查和处理工作。

（6）负责与各参建单位签订安全生产责任状和各种安全生产保证书。

2. 监理单位安全生产管理职责

（1）贯彻国家安全生产监督管理部门、上级部门和业主颁发的安全生产方针政策、法令法规、规章制度。

（2）根据业主委托要求，负责制定本单位和所监理工程的安全生产规章制度、实施细则和安全生产分级责任制，建立施工安全监理体系。

（3）监理单位的驻地监理工程师是所监理项目施工现场安全监理的第一责任人，负责组织监理人员审查承包人的施工现场安全生产保证体系；建立施工安全监理体系，配备规定数量的专职和兼职安全监理员，并明确其施工安全的建立的具体职责范围。

（4）负责督促被监理单位建立和完善安全生产保证体系；督促被监理单位对安全生产及工程安全状况进行日常检查；监督施工过程中安全生产措施实施情况，定期专职安全生产大检查。及时制止“三违”（违章指挥、违章作业、违反安全操作规程）现象，责令责任单位对事故隐患限期整改。

（5）积极配合各安全部门，做好施工现场安全生产监督工作。

（6）参与被监理单位对生产安全事故的调查而后处理工作，提出事故单位及责任认定处理意见；参与被监理单位生产安全事故的调查和处理。

3. 施工单位安全生产管理职责

（1）贯彻国家安全生产监督管理部门、上级部门和业主颁发的安全生产方针政策、法令法规、规章制度。

（2）贯彻“谁施工谁负责”的原则，施工单位法人代表是企业安全生产第一责任人，对本企业承担的工程项目安全生产负全责；施工单位项目经理是其所承担项目施工现场安全生产管理第一责任人，对其所承担项目安全生产负直接责任。

（3）负责制定本单位和所承担工程项目的安全生产规章制度、实施细则和安全生产分级责任制，建立安全生产保证体系，认真编制安全生产保障计划，向建设单位、监理和有关部门报告安全生产情况。

（4）负责所承担工程的现场所有人员、设施、设备、生产等全部安全管理工作，编制防火、防爆、用电安全、管线安全、交通安全、消防安全和工程安全防范措施并认真执行落实。

（5）按照国家、行业或地方的有关标准，施工现场设置安全防护设施，并达到下列要求：

根据建设工程的施工进度，完善安全防护设施。在施工现场的危险易发区域设置专项安全防护设备，设立醒目的警示标志；对施工现场半成品区域设置专项安全防护设施，设立醒目的警示标志，并定期检查各种标志的完好性。

根据季节或者天气特点，设置或者调整专项的安全防护设施，并进行相关的安全检查；对涉及公共安全的施工场所，应当按照有关规定在施工现场周围设置专项的公共安全防护设施。

（6）根据施工组织设计和施工进度，向不同工种的施工人员进行专项的安全技术交底；施工人员在施工过程中应当达到下列作业的要求：

① 按照施工安全技术标准的本工种的安全操作规程进行施工作业；

② 按照国家劳动保护的有关规定，准确使用个人劳保用品；

③ 按照国家消防部门爆破作业的有关规定，正确使用、贮存、监管、发放、运输各类火工物品；

④ 发现施工现场安全异常情况，立即采取有效防护措施，并向安全管理员或者施工安全管理责任人报告；

⑤ 施工人员对管理人员违反施工安全技术标准或者安全操作规程的作业指令，有权拒绝执行，并可以向施工安全管理责任人或者安全监督员报告。

（7）推行科学管理，以安全系统工程的预控预测方法，对全线公路施工高风险的危险点进行评估。设立“危险点”预控，并对每个”危险点”的各种危害因素进行辨识，采取对策和针对性的安全防护措施，达到预控目的，并作为安全技术交底的重要内容。

（8）负责所承担工程安全生产和安全状况的日常检查，对检查中发现的问题，及时进行整改，确保施工安全。

（9）负责编制所承担工程的安全生产月、年计划和月、年安全报告，向有关部门和业主上报事故统计月报和年报。

（10）及时编制安全管理制度，包括：

① 安全教育制度

② 安全生产检查制度

③ 安全技术施工组织，设计编审制度

④ 安全技术交底制度

⑤ 机械设备管理制度

⑥ 工伤亡事故报告制度

⑦ 管理奖罚规定

⑧ 例会、安全活动制度

⑨ 安全生产责任制度

⑩ 安全生产费用保证制度

第五十七条 业主每季度组织一次安全生产检查，监理和施工单位每月组织一次安全生产检查，必要时可增加安全生产检查次数。安全生产检查内容应结合施工生产的特点和季节变化，突出重点，一般包括下列内容：

（1）查思想、查制度、查纪律、查领导、查隐患为重点；

（2）规章制度和安全生产技术措施落实情况；

（3）分级安全生产管理责任制落实情况；

（4）施工现场、工程设备安全生产及文明施工措施落实情况；事故多发点、作业危险点预防措施落实情况；用电安全措施的落实情况；

（5）及时进行安全生产检查总结，记录检查结果，限期落实隐患整改措施，消除事故隐患。

第五十八条 认真执行安全生产的有关规定，对存在的事故隐患或不安全因素，必须采取相应的整改措施；对可能导致重大伤亡或者重大经济损失的危险场所，必须制定应急处置预案。

第五十九条 参建单位要加强对光缆、输油和天然气管线等实施保护工作的管理，落实专人负责，制定预案措施，明确责任。涉及光缆、输油和天然气管线等设施的施工单位应和相关部门签订保护协议，并在工程开工前，通知相关单位现场进行安全监护。

第六十条 发生安全生产事故后，施工现场管理单位和施工单位必须做好抢救和现场保护工作，以防事故扩大和利于事故的调查处理。并应在下列规定期限内，按照国家和地方规定程序向工程所在地劳动行政部门、公安部门、监察机关、工会以及建设行政管理部门报告；同时向业主书面报告。一般伤亡事故在 2 小时以内报告，重大和特大伤亡事故在 1 小时内报告。

第六十一条 建设工程施工伤亡事故的调查和处理，按国家的有关规定执行。

第六十二条 违反国家安全生产监督管理部门的法令规定，违反安全生产规章制度，造成重大事故的有关责任者，依照有关规定予以处罚，情节严重的依法追究相应责任。

第六十三条 对发生事故隐瞒不报、谎报、拖延不报、故意破坏事故现场等行为的人员按照有关规定给予严肃处理。

安全管理工作是工程的重中之重，也是一项长期性、艰巨性、复杂性的工作，各参建单位必须一如既往地绷紧安全这根弦，做到防患于未然，牢记安全第一，预防为主、综合治理安全工作方针，加大安全生产经费的投入，保证安全生产常抓不懈、警钟长鸣。

施工单位根据实际情况，制定以下安全管理文件、专项施工方案、安全台账、各种应急预案。

1. 建立 7 类安全台账：

（1）安全合同台账；

（2）安全教育培训台账；

（3）安全设施、设备台账；

（4）特种设备及危险品的容器、运输工具台账；

（5）安全费用使用台账；

（6）专项施工方案台账；

（7）人员台账。

2. 制定 6 项安全专项施工方案：

（1）路基填土石方开挖安全专项施工方案；

（2）滑坡和高边坡处理安全专项施工方案；

（3）挡墙基础施工安全专项施工方案；

（4）弃填土场安全方案；

（5）混凝土浇筑安全专项施工方案；

（6）临时用电安全施工方案。

3. 制定 3 项应急预案：

（1）防火、防电应急预案；

（2）防汛、防洪应急预案；

（3）高空坠落事故的预防及应急预案。

4. 与进场的各工队作业层负责人签订《安全生产目标责任书》《安全协议书》

5. 制定安全工作计划和安全教育培训计划，对所有进场的民工和所有特种机械操作手进行安全技术交底和岗前培训：

（1）路基施工、挡墙基础安全技术交底；

（2）机、电、工安全技术交底；

（3）库房安检技术交底；

（4）挖掘机、装载机及其他设备操作手安全技术交底；

（5）运输、自卸车安全技术交底；

（6）临时用电安全技术交底。

第八章　工程质量管理

第六十四条　参加达拉特旗农村公路建设的所有单位和个人必须牢固树立“百年大计，质量第一”“质量责任重于泰山”的意识，从各个环节上加强工程质量控制。

第六十五条 建设单位将对工程进行严格监督检查，加强工程项目的过程控制，使工程质量始终处于受控状态，并采取切实有效的措施提高质量稳定性，确保总体质量目标的实现。项目质量目标：工程质量满足规范要求，主体工程验收合格率100%。

第六十六条 项目质量保证体系。

建立“政府监督、法人管理、社会监理、企业自检”的四级质量保证体系；“施工单位自检100%、驻地监理单位抽检30%以上、质量监督部门不定期抽检”的三级抽检制度。

第六十七条 质量控制依据的规范、规程、标准和文件。

1. 批准的设计文件；

2. 投标文件；

3. 施工承包合同、监理服务合同；

4. 内蒙古交通运输厅和业主下发的有关质量控制文件；

5.《公路工程质量检验评定标准》(JTG F80/1—2004)；

6.《公路工程竣（交）工验收办法》(交通部令〔2004〕第3号)；

7. 部颁发的技术标准、规范、规程，公路工程建设强制性条文等。

第六十八条 项目实行工程质量责任终身制。建设、勘察设计、施工、监理单位，要按各自的职责对其完成的工程质量在使用年限内负终身责任。如发生重大工程质量事故，单位和个人都要追究相应的行政和法律责任。

第六十九条 参加建设的单位建立完善的质量保证体系和运行机制，规范工程质量管理行为，并对工程质量负责。

第七十条 勘测设计单位应当建立健全设计质量保证体系，执行有关公路工程建设的法律法规、国家相关设计质量规范和招投标文件的规定，加强项目全过程的设计质量控制，建立完整的勘测设计文件的编制、复核、审核和批准制度，明确各阶段的负责人，并对项目的工程勘测设计质量负责。

第七十一条 施工单位应当依据有关公路工程建设的法律法规、相关标准规范、设计文件、招投标文件和施工合同组织施工，并对工程的施工质量负责。

第七十二条 监理单位必须严格执行有关公路工程建设的法律法规、标准规范、招投标文件和工程监理合同，监督和管理项目工程施工单位履行其承包合同的情况，并对施工现场的工程质量管负责。

第七十三条 按“防微杜渐，以分项工程合格保证分部工程合格进而保证单位工程合格，实现项目质量目标”的原则进行控制。

第七十四条 由业主组织相关职能部门对工程进行抽检，并对特殊部位、关键部位增加抽检频率，保证工程质量。同时也对监理抽检、施工单位自检资料的真实性进行验证，保证内业资料真实性。

第七十五条 合同段符合交工验收条件后，经监理工程师同意，由施工单位向业主提出申请，业主应及时组织对该合同段进行交工验收。

第九章 附 则

第七十六条 本制度由达拉特旗人民政府负责解释。

达拉特旗农村公路养护工程管理制度

2016 年 5 月 26 日　　　　　　　　　　　　　　达政办发〔2016〕145 号

第一章　总　　则

第一条　为加强和规范达拉特旗农村公路养护工程管理工作，不断提高农村公路服务水平，更好地为地方经济发展和新农村建设服务，根据《中华人民共和国公路法》《公路安全保护条例》《内蒙古自治区农村公路管理办法》等有关法律和规章，结合我旗实际制定本制度。

第二条　本制度所称农村公路包括县道、乡道和村道。达拉特旗行政区域内的农村公路养护工程管理适应本制度。

第三条　农村公路养护工程管理应遵循“统一领导、分级管理、协调发展、保障畅通”的原则。

第四条　达拉特旗人民政府是全旗农村公路养护工程管理的责任主体，对全旗农村公路养护工程管理负主要责任。

第五条　旗人民政府和旗交通运输局应当加强对农村公路养护工程管理工作的领导，并建立问责机制，将农村牧区养护工程管理工作纳入年度实绩考核。

第六条　农村公路养护工程涉及挖砂、采石、取土及取水时，旗和苏木镇人民政府应当给予协调和办理。沿线有关企事业单位、嘎查村和农牧民群众应当为农村公路养护工程提供便利和支持。

第七条　农村公路养护工程鼓励应用新技术、新材料、新工艺，不断提高农村公路养护工程管理水平。

第二章　机构和职责

第八条　旗交通运输局具体负责全旗农村公路养护工程管理。编制农村公路养护工程建议计划，组织农村公路养护工程实施，指导、监督所属公路养护工程管理机构和苏木镇、嘎查村的养护工程管理工作，并对乡、村农村公路管理养护人员进行技术培训。

第九条　苏木镇人民政府及所属的乡村公路管理机构负责本地区乡级公路管理、养护、保护等方面的具体工作，指导嘎查村做好村级公路的养护和管理。

第十条　嘎查村及所属的村级公路管理机构负责本村村级公路的管理、养护、保护等方面的具体工作。

第十一条　旗人民政府所属的相关部门应当按照职责，协助做好本地区农村公路养护工程和管理的相关工作。

第三章　养 护 工 程

第十二条　农村公路养护按养护规模分为日常养护和养护工程。日常养护包括小修、保养；养护工程包括养护改建和大中修。

第十三条　旗、苏木镇人民政府、嘎查村及所属的公路养护工程管理机构应当按照“县道县养”“乡道乡养”“村道村养”的原则，履行农村公路管理养护责任，构建责权明确、管养分离、运转高效的管理养护体制和运行机制，推进农村公路养护的常态化、规范化、市场化，做到“有路必养”。

第十四条　农村公路养护人员进行作业时，应当穿着统一的安全标志服，在公路和作业车辆上设置明显的作业标志，必要时安排专人进行交通秩序维护，确保作业和行车安全。养护作业完毕后，及时清除遗留杂物。

第十五条　农村公路养护车辆进行作业时，在不影响过往车辆通行的前提下，其行驶路线和方向不受公路标志、标线限制，过往车辆应当注意避让。养护工程施工影响社会车辆通行时，施工单位应当设置明显的安全警示和绕行标志，不能绕行的应当修设便道并保障畅通，需要封闭交通的应当提前向社会公告。

第十六条　各养护单位应建立各类管理台账，填写原始生产作业记录，严格实行成本核算。

第十七条 农村公路养护工程计划应按照“先重点、后一般；先县道、后乡道、再村道”的顺序合理编制，逐步进行。

第十八条 农村公路养护工程管理要以工程质量为中心，健全和完善工程质量保证体系，严格检查验收制度，提高投资效益。

农村公路养护工程管理按交通运输部《公路养护工程管理办法》的规定执行。

第十九条 农村公路养护工程应按有关规范和标准进行设计，履行基本建设程序，并按有关规定进行交工验收。

农村公路改建和大中修工程应当由具有相应资质的设计单位进行设计。

第二十条 农村公路县道养护质量评定按照交通运输部现行《公路技术状况评定标准》（JTG H20—2007）执行，乡道和村道的养护质量评定暂参照此标准执行。

第二十一条 农村公路养护工程，应按路段或区域选择专业施工队伍，同时鼓励面向社会公开招标，择优选定具备资质条件的养护单位。

第二十二条 使用中央补助资金的所有养护项目和使用自治区补助资金单项工程达到200万元及以上的养护项目，技术方案由自治区公路管理部门进行审批；使用自治区补助资金单项工程100万元及以上、200万元以下的养护工程项目，技术方案由鄂尔多斯市交通运输局进行审批；凡使用自治区补助资金不足100万元的养护工程项目，技术方案由旗交通运输局进行审批。

第二十三条 旗交通运输局应当依照《中华人民共和国突发事件应对法》的规定，制定地震、泥石流、雨雪冰冻灾害等损毁公路的突发事件应急预案，报旗人民政府批准后实施。

第二十四条 农村公路因自然灾害等原因造成交通受阻或中断的，旗、苏木镇人民政府应立即组织抢修，并可视情况动员和组织附近驻军、机关单位及沿线群众共同参与公路抢修。短时间内难以抢通的，应修建临时便道、便桥或者指明绕行路线，同时按规定设置醒目的警示、警告标志牌，确保安全畅通，并及时将灾害情况逐级上报。

第二十五条 旗交通运输局对全旗农村公路养护工程管理检查每季进行1次，年终进行全面考核；苏木镇人民政府和旗交通运输局所属的公路养护管理所对管养范围内的农村公路应当经常检查，年终进行全面考核。

第四章　施 工 管 理

第二十六条　农村公路养护工程应当严格按设计施工，不得降低技术标准、不得缩减工程规模。

第二十七条　农村公路养护工程实行工程质量责任追究制度和安全生产责任制度。旗交通运输局对工程质量和安全生产负监管责任。施工单位对施工质量和安全生产负直接责任。各参建单位应当依据职责，明确责任，落实措施，加强质量与安全管理。

第二十八条　农村公路养护工程发生工程质量或安全事故的，应当按照有关规定及时上报，不得隐瞒。

第二十九条　旗质量监督机构应当经常对农村公路养护工程实体质量进行检查和监督。农村公路养护工程质量接受社会监督。施工现场应当设立工程质量主要控制措施的告示牌，公布质量监督电话，方便社会监督。

任何单位和个人都有权对农村公路养护工程存在的问题进行举报。

第三十条　农村公路养护工程应当按照档案管理的有关规定，收集、整理、保存工程资料，建立工程档案。

第三十一条　农村公路改建和大中修养护工程参照交通运输部颁布的《公路工程竣（交）工验收办法》和《公路工程质量检验评定标准》进行验收。

第三十二条　农村公路改建和大中修养护工程验收前，应具有市质量监督机构的质量鉴定书和旗审计部门出具的审计报告。

第五章　资金筹集与管理

第三十三条　农村公路养护工程资金实行地方自筹为主、国家和自治区补助为辅的投资政策。

旗人民政府负责本地区农村公路养护工程资金筹集和管理。

第三十四条　农村公路养护工程费来源：一是盟市、旗县政府财政落实的配套资金；二是自治区安排的补助资金；三是中央安排的专项资金。其补助标准为：县道每年7000元/公里；乡道每年3500元/公里；村道每年1000元/公里，不足部分由地方政府配套解决。

第三十五条 旗人民政府应根据农村公路的实际需要统筹本级财政预算，每年应当从财政收入增量中提取不少于5%的专项资金用于农村公路养护，保证农村公路养护的正常需要。应根据养护里程增加、路面变化及物价上涨等因素逐年增加资金投入比例，并确保资金足额、及时到位。同时旗人民政府应当将政府及其有关部门从事公路管理、养护所需经费纳入本级财政预算。

第三十六条 农村公路养护工程资金应实行"专户存储、专项核算、专款专用"，任何单位、组织和个人均不得截留、挤占和挪用。

旗交通运输局应当依据职责，建立健全农村公路养护资金管理制度，加强管理，并接受审计、财政和上级交通运输管理部门的审计检查和监督。

第三十七条 旗人民政府对农村公路养护工程管理采取"多干多补、先干先补""以奖代投"的激励政策。对苏木镇及养护单位投资的项目提前施工，在满足设计和质量要求的前提下，旗交通运输局在项目安排、资金投入等方面给予优先支持。同时对年度完成投资多、工程质量优异、综合成绩突出的苏木镇及养护单位给予表彰奖励。

第三十八条 中央和自治区补助的农村公路养护工程资金，旗人民政府、财政部门应当及时拨付至旗交通运输局。旗交通运输局按照养护工程计划安排使用。

第六章　附　　则

第三十九条 本制度由达拉特旗人民政府负责解释。

第四十条 本制度自印发之日起实施。